天《てん》智《ち》口《こう》訣《けつ》

宇宙から来たメッセージ

4Mの会［編］

拙《せつ》問《もん》天《てん》答《とう》

たま出版

はじめに

4Mの会代表　恵比寿　陽

皆さんは「自分はなぜ生まれてきたのだろう」とか「自分の使命は何だろう」といった疑問をもたれたことはありますか？　多くの方はこのような難しい哲学的な疑問は学生時代に少し考えたことがあっても、社会人になって日々の忙しい暮らしの中ではそれを忘れてしまっているかと思います。

また「死後の世界はどうなっているのか」とか「神や霊はいるのだろうか」といったスピリチュアルな世界については、時々そういったトピックのテレビ番組があれば見るくらいで、あまり深く考えたこともないのではないでしょうか。

私もそんな中の一人でしたが、佐久間数敏氏との出会いで少し変わりました。彼が「スピリット波動協会」を主催する棟方興起氏とやりとりして作成した「拙問天答」について、月に1度解説してくれるときは、少し哲学的な世界やスピリチュアルな世界をかじった気分になったものです。

「拙問天答」は、佐久間氏が毎月15問前後の質問を作成し、棟方氏が波動を通してその回答を得るという手法をとって作成されました。棟方氏が一種のチャネラー的役割で、向こうの世界との中継アンテナのような役割を果たしていたと思われます。

佐久間氏は謙遜してこの質問を「拙問」と呼んでいましたが、文字通り拙問に対して向こうの世界の天が答えるという形になっていました。

「拙問天答」は、２０００年８月から２００４年４月までの45カ月の間に全部で８４1問作成され、向こうの世界が回答してくれています。佐久間氏自身は神智学を勉強されており、質問内容はそれが下地になっていたようです。拙問の内容は、人類創造の意義や地球誕生の歴史に始まり、科学、教育、宗教、宇宙といった幅広い範囲に及んでいますが、天の回答は正直難しくてよくわからない部分もありますし、時々矛盾した回答になっていると思われるところもあります。

残念ながら、佐久間氏は２００４年6月に逝去されています。その後、当時佐久間氏の解説を聴いていた有志によって「拙問天答」の整理が試みられ、疑問点等を再度棟方氏に問い直すといった補足的質問会が２０１１年2月から２０１４年4月にかけて12回実施されています。

今回、佐久間氏の没後11年が経過したこともあり、「拙問天答」のエッセンスをわかりやすい形で出版して世に広めようということになり、本書を出版する運びとなりました。


さて、本書に登場する棟方興起氏と佐久間数敏氏について、簡単に紹介させていただきます。

棟方興起氏は１９８２年に株式会社祥元を設立し、占いや医療コンサルタントの業務を行っておられました。１９９５年頃から波動の研究を主体とするスピリット波動協会を立ち上げ、波動測定を通した人生相談に対応し、多くの方々の人生改善に尽力され、今日でもさらに研鑽《けんさん》を積まれて、多くの方々の幸福な人生に向けてアドバイスを送る毎日を送っておられます。

主な著作として、以下のような作品があります。

『限りなく真実に近い大波動Ⅱ』（2001年）（天波真氏との共著）メタモル出版
『霊障も運気も科学する未来波動学』（2003年）メタモル出版
『まさか！　の波動健康法』（2005年）メタモル出版
『未来波動が般若心経の封印を解く』（2006年）メタモル出版
『波動を知る！　波動を上げる!!　人生を変える!!!』（2015年）東邦出版

一方、佐久間数敏氏は永年にわたり神智学の研究をされていた方で、1999年に刊行された棟方興起氏の最初の著作『大波動』に書店で出合い、この人は普通の人とは違うと感じるところがあったようです。しかしながら、佐久間氏という方は、非常に慎重な性格の持ち主で、最初はFAXを通して自分が疑問に思っていた事項の質問を棟方事務所へ送信し、FAXにて回答をいただくということを続けていました。そのような経緯の後、やっと1年後に棟方事務所を訪問したという非常にユニークな方です。40歳の頃に過労で心臓発作を起こし、たまたま担ぎ込まれた病院に心臓手術の名医がいて命拾いした、といった逸話を聞いたこともあります。

そういうわけで、当時、佐久間氏の寿命は尽きかけていたのですが、一方で佐久間氏は、絵を描いたり木材で人形を作ったりと、多彩な才能の持ち主でもありました。棟方氏に触発されていろいろな質問を考え、天上界から回答を引き出すという新たな使命を与えられた結果、寿命が延長されることとなったのです。

はじめのころは、それまで神智学の研究の中で蓄積しておいた疑問事項がたくさんあったので、毎月20問程度の質問を準備するのに問題はありませんでした。２００３年3月時点で質問数は６００件近くに達しましたが、さすがにそのころになると質問を考え出すのに苦痛を覚え始めていました。

それでも棟方氏の励ましを受けてがんばっていましたが、２００４年6月2日、最後の19の質問をし、その内容をまとめたのち、急に容態が悪化し、そのまま帰らぬ人となりました。しかしながら、苦しい体調の中で、後世の私たちに貴重なものを残してくれたのです。

本書は、８４１の拙問天答をテーマごとに分類整理したうえで、それらを34のトピックにまとめています。まとめ方には異論があるかもしれませんが、ご容赦ください。初めての方にもできるだけわかりやすく読んでいただきたく、同じテーマ群の拙問をまとめ、ワンテーマにつき要点を図表に整理するようにこころがけました。

また、テーマごとにそのエッセンスの説明と図表をセットにし、関連する拙問天答をそのまま載せています。拙問天答の中の数字は、その拙問天答が掲載された日と設問の順番を表しています。例えば（0.11.02）は２０００年11月の第2問目という意味です。同じように、（3.01.07）は２００３年1月の第7問目ということです。なお、拙問は抜粋してありますのであらかじめご了解ください。

本書は、最初の項目から順に読んでいただく必要はなく、テーマ別に好きなところから読んでいただいてかまいません。本書が皆さんの生き方のヒントや精神的な支えの一助になれば幸いです。

最後に、本書の刊行にあたって協力支援を頂いた棟方興起氏や４Ｍの会のメンバーＨＹ氏とＫＳ氏、本書の編集に甚大なるアドバイスとご協力を頂いた株式会社たま出版の中村利男専務および関係諸氏に心より感謝申し上げます。また、本書の出版を一番喜んでくれている佐久間数敏氏へ少しでも恩返しができることをうれしく思う次第です。

目次

1. 人類創造

人類創造の目的や背景については、これは誰もが最初に聞きたくなる疑問点だと思います。佐久間氏も最初のころの「拙問天答」で聞いています。ただ天答は微妙に抽象的な返しできており、周辺質問についても複数の角度から回答しているようにみえます。一言で整理すると「人類創造は宇宙にとっての肥やし、すなわち良質のエネルギー体としての良きエーテル体を生産するため存在する」としています。

宇宙的に観《み》れば、人類が創造された後に、目的・機能が付与されたと解説しています。全てが必然のレール上で進行し、存在物はまず形が現れ、目的や機能は後から付与されたとしています。人類創造については、意図的でもあり、失敗作であり、試行錯誤の行為の結果創られたものであり、創造者も会社でいえば、用務員程度のものであるとも言っています。宇宙的な眼でみると、地球人類の創造など宇宙の全体活動からみるとごく当たり前の一活動であると言っているように思えます。

エーテル体という言葉が出てきますが、これは魂のことと理解した方がわかりやす

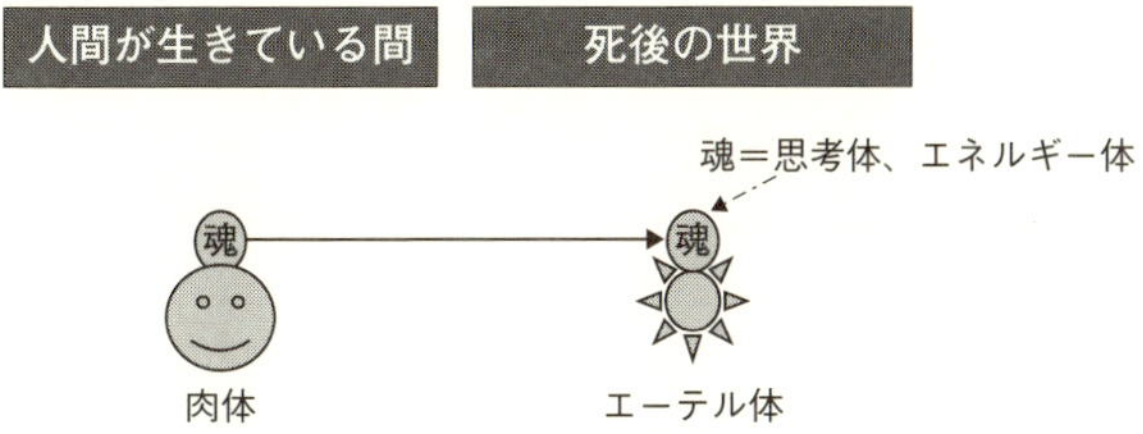

魂は人間が生きている間は、肉体に宿る。死後はエーテル体として存在する。魂は人間が生きている間も死後のエーテル体のときでも、修行を続けるとその格が上がっていく。すなわち良質のエネルギー体になっていく。これが宇宙に貢献することになる。

いでしょう。魂はエネルギー体でもあり、思考体でもあります。魂はこの世にいるときは肉体に宿り、この世を去ったときにエーテル体として独立すると考える方がいいかと思います。俗にいう霊に相当するものととらえてもいいでしょう。

地球人類は所有欲が強く、愚から生まれたものであり、創造されたときから反宇宙的存在であったとも言っています。そんな人類が、肉体生活においても魂を磨き上げ、死後のエーテル体においても修練を積み重ねれば、エーテル体としての格が上がり、宇宙に貢献することになるのです。

拙問天答原文

——世界創造の理由は？（0.08.01）

「大の館の添う心の連動を司るためなり。大の館とは苦しみ楽しみ試練を全うするための合同庁舎なり」

——人類創造の目的は何か？（0.08.03）

「進化の具合を観測するためなり」

——創造活動においては目的があってのことなのか？（2.07.07）

「宇宙的に観れば創造された後に、目的が付与されている。全て必然のレールの上にて進行しているのである」

——人類の本質は何か？（1.01.02）

「行動を起こすための動作の要因である。良質エネルギー体としてのエーテル体を確保するための存在なり」

——人間は原則として存在しているのみに存在していればいいのか？（4.04.03）

「元来、良質なエーテル体を製造するために存在しているのだ」

——人間が集合体として存在することにどのような効果があるのか？（2.08.06）
「良質なエーテル体の精製に役立つのである」
——魂の本質とは何か？（3.11.10）
「エネルギー体であり、思考体である」
——肉体人間として最高の進化とはいかなる状態であるのか？（2.08.07）
「宇宙に貢献できるようになれたときである」
——肉体人間とエーテル人間との交信が自由にできるようになるのか？（1.01.08）
「すでに交信可能であり、それを実行している人間が存在しており、できないのは能力の差である」
——人間としての表現本体は肉体的なのかエーテル体なのか？（1.01.07）
「人間としての表現本体はマナスである。この世にいるときは肉体をもってマナスがエネルギーを感じ、この世を去ったときにエーテル体をもってマナスがエネルギーを感じる」
——地球人間はなぜこうも所有欲が強いのか？（0.09.08）

「もともと地球人というのは愚から生まれたものであるからである」
――人間は本来反宇宙的な存在者なのか？（2.03.16）
「創造当初より反宇宙的な存在であった。意図的にそう創られたのだ」
――人間が反宇宙的存在で、しかも愚の状態を呈しているのは意図的なものであるのか、それとも完全な失敗作としてあるのか？（3.10.08）
「意図的でもあり、失敗作でもあり両方を含んだものだ。人間を観ている領域が二つあるということだ」
――人間は創造者の模造品か？（1.07.17）
「人間の創造はエーテル体を改善する目的で創ったのでクリエーターのコピーではない」
――究極において人間は創造者になれないのか？（1.07.18）
「肉体人間はなることができない。しかし、肉体生活にて魂を磨きこみ、肉体を脱いだ死後のエネルギー体の段階から修練いかんによって創造者の段階に昇っていくことはできる」

――地球人類の創造主の御名前は？（1.10.01）
「名はデジュケスタアワンゼンと申す。『経儀の源』の意なり。次元は異次と称するところにおり想像を絶するところである。この御名は会社で例えれば社長の名というわけではなく、用務員程度のものであり、関係名というところである」
――人間が真理にいたる意味は宇宙にとっても重要なことであるのか？（2.03.17）
「たいしたことではない。どうでもよき小さなことである」

2. 人類史

人類がこの世に誕生したのはいつごろなのか？　その問いに天はわれわれの常識とは異なるメッセージを返してきています。人類は約１３００億年前に地球とは別の惑星で生まれています。その後地球が１２０億年前に形成されたあとに、数十億年前に地球に移住してきていますが、肉体人類として宇宙を旅してきたわけではなく、エネルギー体としての霊体として移ってきています。

地球の天変地異や大戦争は人類の誕生から無数に発生し、何度かは人類滅亡の状況に近いことも少なくなかったようです。人類の興亡はピストン運動のようなもので、前進の力として働いていて、一種の浄化作用でもあると言っています。抗争、争乱は人間の愚性により発生するものだが、前進への必要愚であると言っています。

一方、本当に文明と呼ばれるものは2度ほどしかないと言っています。われわれが聞いたことがあるムーやアトランティスはそうした文明には数えられないようです。これらに相当する機械文明は無数にあったようです。ムーやアトランティスは太陽エ

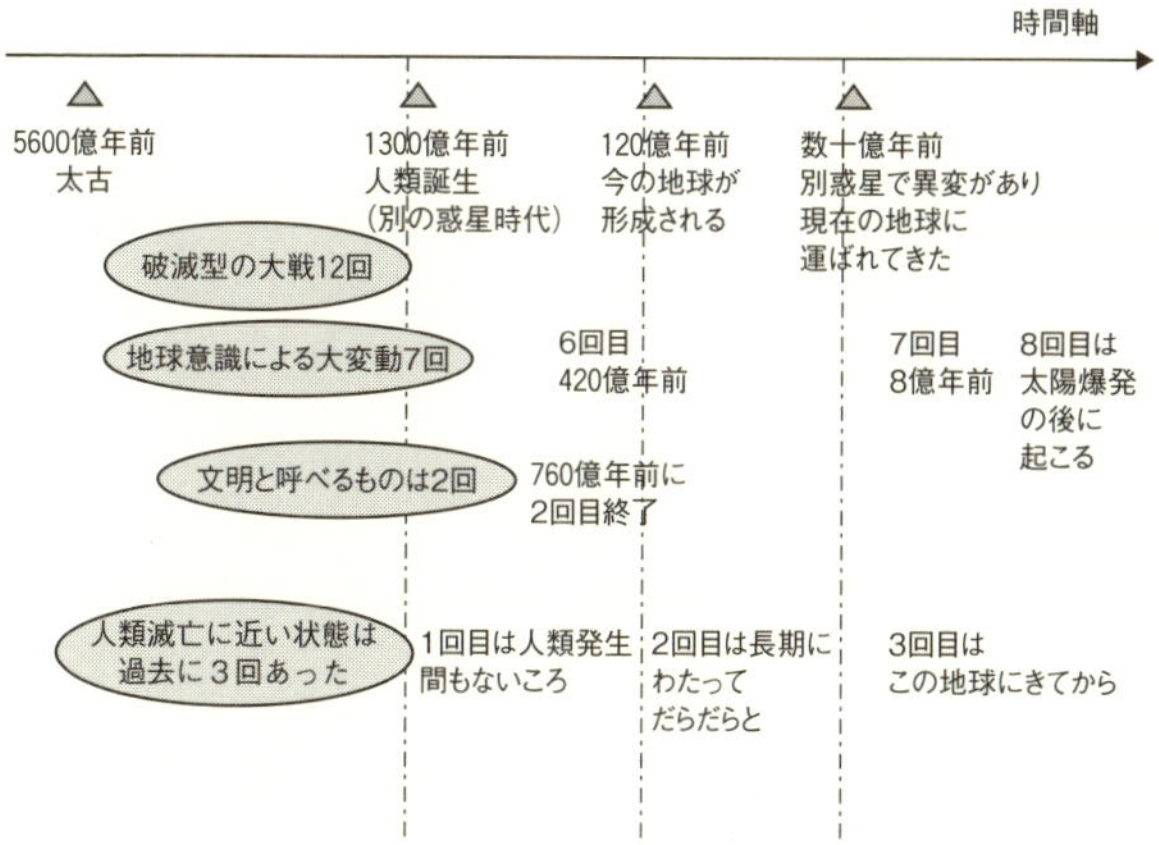

ネルギーを、それ以前は水エネルギーをベースにした文明でした。今後は光エネルギーがベースになるのではと言っています。

拙問天答原文

――現地球の人類が創造されたのはいつごろか？（0.10.07）

「現地球人類の祖先人類が別の地球時代においてまず発生した。それが１３００億年前であった。その後の異変で地球に運ばれてきたのが数十億年前である」

――われわれの地球が今の状況に形成されたのはいつごろなのか？（0.10.5）

「１２０億年前だ。ただし、他の地球とのからみがあり、これとあわせて考慮しなければならない。単独思考は不可である」

――地球においてかつて他の惑星より肉体を保有せる人類系を移植したことがあるか？（2.08.12）

「肉体人類として移植したことはない。しかし、エネルギー体、霊体として移住してきたことはあった」

――人類の種族の絶滅や新種族の発生はどのくらい回数を繰り返されて現在に至っているのか？　またその間に改良されてきたのか？（1.10.06）

「無数回というほど繰り返しがあった。もちろん改良されてきたのだ」

――人類創造の労は報われたこととなったのか？（1.10.02）

「いまだ報われているとはいえない。今までの人類史を元に戻して再度スタートするための作業中である」

――地球に文明を築いて以来、破壊型の大戦はどのくらいあったのか？（0.09.15）

「太古（約５６００億年前）から現地球となる小惑星時代まで12回あった。今の地球が出来上がったのも大小合体した愚星であったということだ。理由は逆思考によるものだ」

――地球意識による地殻の大変動はどのくらいあったのか？（0.09.16）

「現在まで７回あった。６回目は４２０億年前、７回目は８億年前。８回目は太陽爆発の後に起こる」

――人類絶滅に近い状態は過去にどのくらいあったのか？（1.12.14）

「3回ほどあった。第1回目理想地球において人類発生間もなくのものが一番危ういものであった。第2回目は長期にわたってだらだらと絶滅化し、第3回目はこの地球に移ってから発生した」

——地球に文明が発生したのは今まで何回ぐらいあったのか？（0.10.12）
「地球において文明といえるものは2回しかなかった。2回目が終了したのは、今から760億年前である。あとのものは幾万回起ころうが、文明とは言えない残滓《ざんし》物である。魚の口を見て天意を察すべし」

——人類は過去どのくらいの回数をその時代おのおのにおいて機械文明を経験してきたのか？（2.04.05）
「ほとんど無数回といえるほど限りなく機械文明を創り上げてきたが、その都度異なる方式となっていた。使用エネルギー源が異種であった。例えば、ムー、アトランティスでは太陽エネルギーであるが、それ以前の文明では水のもつ根源のエネルギーを使用していた。今後は光エネルギーが主体になるだろう」

——人類の膨大なる文明の興亡史は人類間の抗争にその主因があるのか？（4.03.14）
「興亡の繰り返しは一種のピストン運動のようなものである。前進の力として働いている。また、抗争の現象は大戦争へといたることもあるが、浄化作用でもある。抗争、争乱は人類の愚性より発生することとなれど、前進への必要愚ともいえることだ」

——今回は永い人類史における折り返し地点と言ってよいのか？　もしそうだとしたらどのくらいで元に戻れるのか？（1.10.07）

「現時点は折り返し口近くの入り口付近である。人類がここまでにいたるのに数千億年を費やしたからといって、元に戻るのにまた同様な年数を必要とするとは限らない。一瞬にして戻れるかもしれないが、また数千億年を要するかもしれない。全ては人類の自覚にかかってくるものだ」

3. 天廟

いきなり天廟といわれても神仏がおられるところといった印象があるだけで、よく理解できないのが普通かと思います。天答は「天廟は全世界（よかい）に対して役割を割り当てるところ」と言っています。役割割り当ての対象は、人類はもちろんのこと、人類以外の者に対してでもあり、どうもそちらのほうがメインのようです。天廟は、低次元から高次元への縦型様のエネルギー体であり、無数存在しています。天廟には、各種意識エネルギー体や神仏と称されるもの、および空間、次元、時間といったものも包容されています。一つの天廟には核や長《おさ》に相当するものはなく、一体としてひとまとめの状態になっています。魂を一つの器とみると、天廟とは相似形をなしています。したがって天廟が発しているエネルギー波動に同調している魂があれば、その天廟が出所先であるといえます。

「大の館は、苦しみ楽しみ試練を全うするための合同庁舎なり」と最初の拙問天答の答えにありますが、大の館は、天廟群の枠組みを表しています。

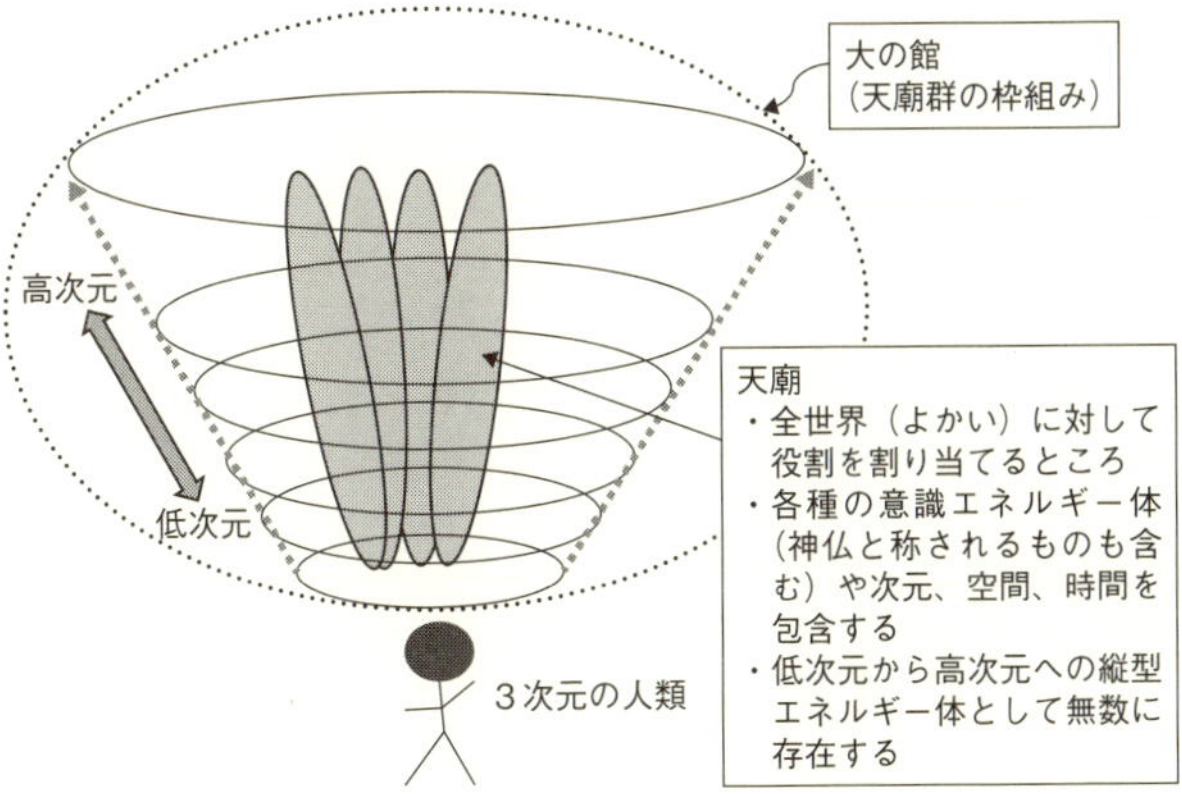

全世界（よかい）の記録は天廟に在所しているわけではなく、もっと上の次元で管理されています。ただし天廟にも降下してきているようです。この記録は過去だけでなく、今後の予定ももちろんカバーしています。

拙問天答原文

――天廟は地球磁場のみに関与しているのか？　また何次元にあるのか？（4.02.01）

「地球磁場に限るわけではない。全宇宙的なものである。存在次元は低次元から高次元にわたっている」

――そこは光の次元となっているのか？（4.02.02）

「光の次元の一種としてあるところだ」

――天廟全体の規模や総数はどのようなものか？（4.02.03）

「おのおの低次から高次への縦型様のエネルギー体としてあり、無数存在している」

――天廟の役割は何か？　また人間とのかかわりはいかなるものか？（4.02.04）

「全世界（よかい）に対して役割を割り当てるところだ。人間に対してはそのごく一部にあたる」

――天廟の存在は神仏とみなしてよいのか？　またその状態は意識エネルギー体であるのか？（4.02.05）

「少し意味が異なる。神仏等が入る容器のようなもので、空間とか次元、時間様のものだ。廟からの働きかけの現象と見られるものは、作用としてある。シーダの働きと同様といえるものだ」
――人間の守護霊や諸護神は天廟との関係はあるのか？（4.02.06）
「関係はある。シーダの作用線上にある」
――大の館と天廟は関係があるのか？（4.02.07）
「関係はある。大の館とは天廟群の枠を表している。全宇宙的なものである」
――人類創造と天廟とは何らかの関係があるのか？（4.02.11）
「もちろん関係あり」
――天廟は人類以外ともかかわりがあるのか？（4.02.12）
「もちろん人類よりあるところだ」
――天廟は3次元宇宙が存在する以前から存在していたのか？（4.03.01）
「存在していた」
――天廟は宇宙体ごとに存在しているのか？　宇宙体群の全体に対して存在しているのか？（4.03.02）

「全体宇宙体群に関連してあり、それに対して関節のような働きをしている」
――天廟には意識エネルギー体が包含されているのか？　また神仏も含まれているのか？（4.93.03）
「各種の意識エネルギー体や神仏と称されるもの、そして時間も含まれる」
――天廟には核とか長とかいわれるものが存在しているのか？　またヒエラルキーのようなものがあるのか？（4.03.04）
「全種のエネルギーが一つのエネルギー体としてひとまとめの状態になっている」
――天廟と魂の関係はあるのか？　そうであるとして人間の全ての魂はそのおのおのの出所である天廟に所属しているのか？（4.03.05）
「魂を一つの器と観ると天廟は相似形をなしているのだ。したがって、天廟が発しているエネルギー波動に同調している魂があればその天廟が出所先であるといえる」
――各個人の魂の使命は天廟に従って決定されるのか？　それとも魂が自己決定し計画するのか？（4.03.06）
「魂自体が自己決定してくるのが基本となっている」

――全世界（よかい）の記録は天廟に保管されているのか？　また今後の展開予定もすでに記載されているのか？（4.03.09）

「記録はもっと上次元にあり、天廟に所属しているわけではないが、降下してはきている。今後の予定ももちろん決定済みである」

――天廟はシーダの一つの機関ともいえるのか？（4.03.11）

「もちろん機関の一つである」

4. シーダ

天廟はなんとかイメージができたかもしれませんが、シーダと聞くと「何それ？」と言いたくなります。シーダの説明が天答には相当出てきます。ただ、シーダは人間にはまず認識できるものではなく、シーダは次元間の作用であり、間《ま》と間《ま》をつなぐ道です。人間に例えれば神経系に相当するものだそうです。神経系の経路と作用を包含している意味あいのようです。全世界（よかい）へ全てを伝え渡すことができる作用のことを言っています。

感覚や感情もシーダの作用によるものです。間《ま》が接点になっており、シーダの触覚の先が新しい間《ま》になるようです。

天廟の内部あるいは、天廟間で必要なことをやりとりするコミュニケーションツールのような存在なのかと勝手に想像しています。ここでいうコミュニケーションツールは、3次元世界でいう情報の伝達だけでなく、広がる、留まる、消える、捩《よじ》れる、無となる、有となるといった具体的な作用（動き、活動とみればいいか）も含みます。

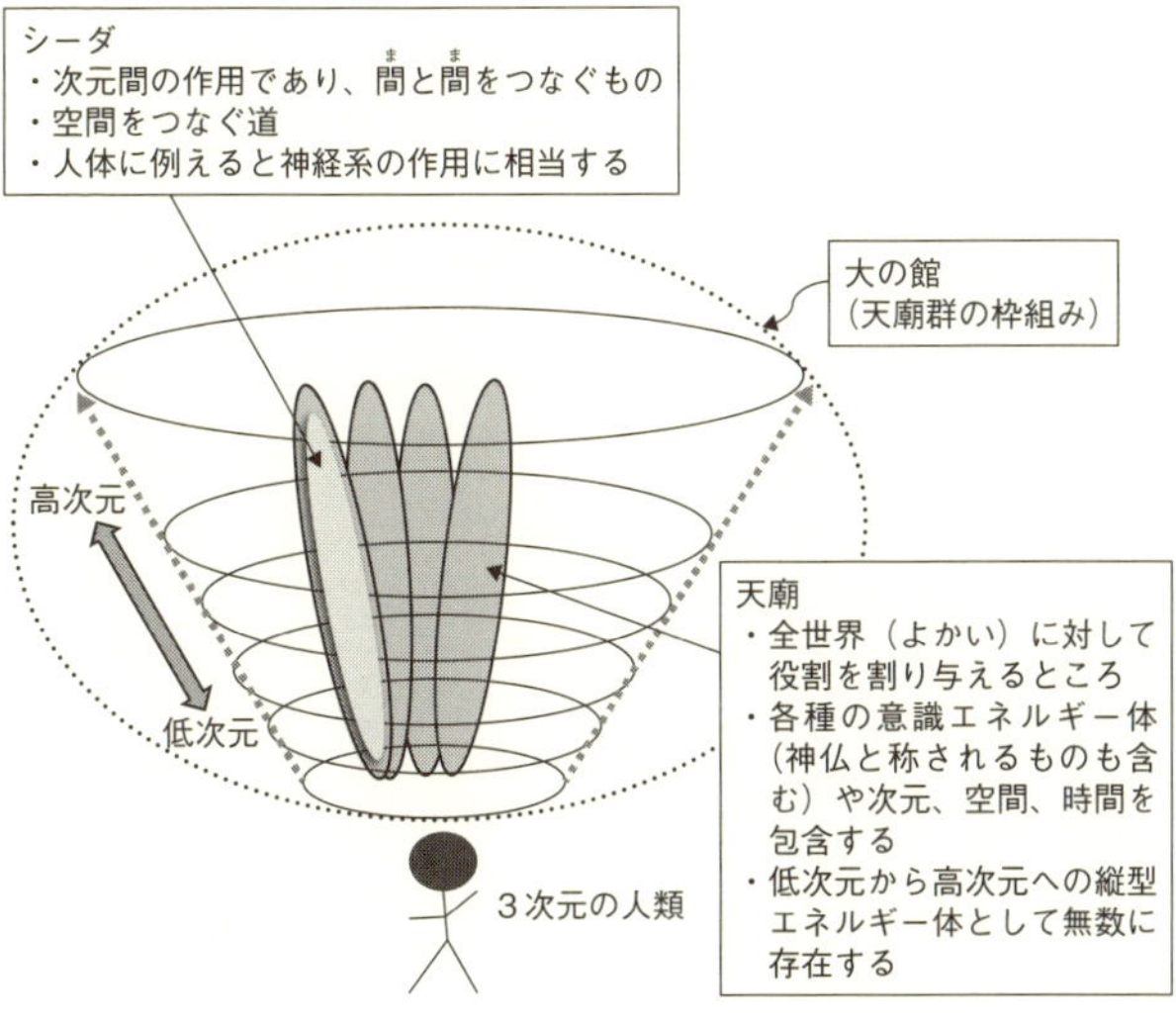

シーダ
・次元間の作用であり、間《ま》と間《ま》をつなぐもの
・空間をつなぐ道
・人体に例えると神経系の作用に相当する
大の館
(天廟群の枠組み)
高次元
低次元
天廟
・全世界（よかい）に対して役割を割り与えるところ
・各種の意識エネルギー体（神仏と称されるものも含む）や次元、空間、時間を包含する
・低次元から高次元への縦型エネルギー体として無数に存在する
３次元の人類

拙問天答原文

――シーダは必然なりとあるのは、シーダが必然の要因という意味なのか、それともシーダの存在そのものが必然であるという意味なのか？（2.01.18）
「シーダの存在が必然であるという意味だ。シーダは作用力の総称といえる。人体に例えれば頭脳から始まる神経系の作用にあたる。経路と作用の全てを包含している」
――シーダの本質とは何か？（3.4.01）
「道である」
――シーダは機能なのか？　それとも作用なのか？（3.04.02）
「作用である」
――シーダは生命なのか？　それとも純粋エネルギー体であるのか？（3.04.03）
「エネルギー体である」
――シーダは外部から影響を受けることはないのか？（2.01.20）
「シーダは全てを含んでいるので、影響を受けることなどありえない。外部にあるというとそれは無だ」

――シーダは創造にかかわっていると言ってもよいか？（2.01.21）
「もちろんかかわっている。シーダは宇宙を維持するものである」
――万物万象はシーダの表現力ということでもあるのか？（2.08.08）
「表現力というよりはむしろ作用であり、いわば作用過程である」
――シーダの活動には期限とか周期というのはあるのか？（2.12.08）
「そのようなものはない。ただスーッと伸びてゆくだけだ」
――シーダは全世界（よかい）に行き渡っているのか？（3.04.08）
「行き渡っている。創造の作用に伴ったものであるゆえにそのようになる」
――シーダが全ての存在者たちをあらしめているのか？（3.04.09）
「存在と存在をつなげるものがシーダである。ゆえに存在を維持しているのではない。存在たらしむるものは必然である。したがって無から有へ、有から無へと変化させる仲立ちとなるものであり、変化自体は必然として起きているのだ」
――シーダは真理そのものなのか？（3.04.15）
「少しずれている。次元間の作用であり、間《ま》と間《ま》をつなぐものなのだ」

――シーダの作用にはいかなるものがありや？（3.05.01）

「広がり（ふけていくようファーンと広がっていく）、留まる、消える、瞬間に移動する、捩れる、変化する（全く別物へ）、無となる、有となる、その他無数あり」

――人間が認識できるのは、それらのどのようなものか？（3.05.02）

「ほとんどが認識不可である。ただし、利用しているつもりでやらされている場合がある」

――感覚や感情もシーダの作用によるのか？（3.05.05）

「そのとおりだ」

――シーダは時間、空間を創り出したのか？（3.05.09）

「そのとおりである。時空間の中に実はシーダがあるのだ」

――シーダの作用の中に間を創るという作用が含まれているのか？（3.05.17）

「シーダの一部が間《ま》としてあるのだ。シーダの触覚である」

――シーダと大官寿寿力廟（想像力を行使する天廟）との関係は？（3.06.09）

「シーダの一部である。いわば動脈路のようなものである」

5. 宇宙体・全世界（よかい）

拙問天答には、宇宙体と全世界（よかい）という言葉が出てきます。残念ながら宇宙体や全世界そのものの定義に相当する天答は見つかりませんでした。ただ、いくつかの大事なメッセージを残しています。

おのおのの人間は宇宙体に所属しており、宇宙体の出先機関としての役割を果たしているといいます。具体的には、所属する宇宙体のセンサーの役割を果たしています。思考回路としての役割でもあるといいます。宇宙体と人間は情報素子のピストン作用を相互に行っているとします。

全世界はエネルギーの変様現象であると表現します。3次元物質世界は全世界の土台になっているともいいます。全世界には隙間が存在し、必然が及ばぬ領域があるとも説明します。

個人的にこれらの位置関係をイメージすると、宇宙体は全世界の中に無数に存在し、個々の人間を3次元物質世界に一種の出先機関として送っており、常にコミュニケー

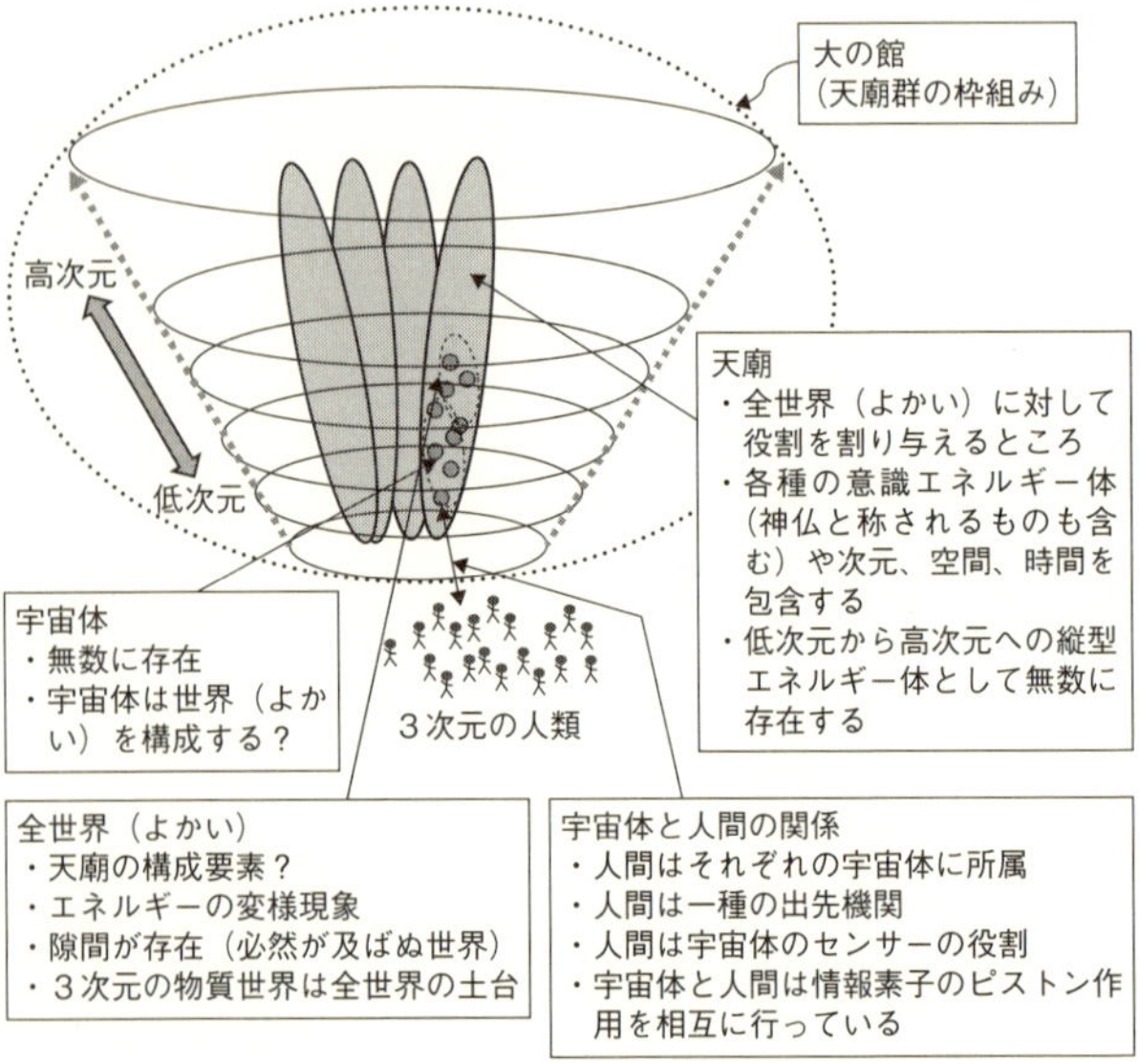

ションを図っているのかと思われます。全世界は天廟の構成要素でもあり、天廟が全世界の役割を決め、さらには個々の宇宙体の役割も決めているのかと思われます。

拙問天答原文

――この宇宙のほかに他の宇宙はどのくらいの数があるのか？（0.10.02）

「人間の数に比例してある。人間１に対して９の割合である。これは法則である。したがって現人口60億であるから５４０億の宇宙があるということだ」

――われらの存在せるこの３次元宇宙は唯一無二なのか？ それとも多数存在するのか？（2.03.12）

「無量無数存在する」

――人間個人はおのおのがそれぞれを代表する宇宙機関であるとは事実であるのか？（1.05.06）

「そのとおり。出先機関となっている」

――人間はそれぞれが属している宇宙体の出先機関であるということであるが、その宇宙の代表的存在ということなのか？（2.03.01）

「もちろんそんなものではない」

――では出先機関としての役割は何か？（2.03.02）

「その宇宙体のセンサーの役割を果たしているのだ。思考回路としての役割でもある。宇宙体と情報素子のピストン作用を相互的に行っている」

——人間の生活経験は全てその所属せる宇宙体にとっての体験となるのか？（2.03.03）

「ある一部においてはそうも言える」

——出先機関を出しているその宇宙体にも他の宇宙からの出先機関があるのか？（2.03.04）

「もちろん保有している」

——宇宙体自体にもおのおの個性のようなものがあるのか？（2.03.05）

「個性と言えばそれに似たようなものがあるが、光の形態の種類が独自のものになっている」

——宇宙体群としての社会のようなものがあるのか？（2.03.06）

「社会のようなものはない。ただし全エネルギー種における相互交換作用はある」

——人間が完全に消滅することが可能としたら所属宇宙が影響を受けることとなるのか？（2.03.10）

「まずそのようなことはありようがない。無用な考えなり」
——新しい人間の魂が創生される意味は、また新しい宇宙体の創造を意味しているのか？（2.03.11）
「宇宙体の創造などには無関係であり、魂の創造は進化なのだ。心の分野としての関係である」
——一つの3次元宇宙体にどのくらいの多次元宇宙体が付随しているのか？（2.03.13）
「多数存在している。このようなことを知って何になるというのだ。これらのことは死んで肉体を脱いだ後、十分にわかることだ」
——大の館は宇宙体とも関係があるのか？（4.02.08）
「もちろん関係あり」
——宇宙体は一つの巨人と見なすことができるのか？（4.02.09）
「人間要素の大延長とも見なせる」
——人体の各臓器にあたるものが宇宙のシステムとして存在しているのか？（4.02.10）
「そのように存在している」

――全世界（よかい）は同一空間に同時存在しているのか？（2.02.14）
「そのとおりである。重合している」
――この3次元物質世界は全世界（よかい）に対してどのような意義を有しているのか？（2.02.15）
「全世界（よかい）の土台である」
――全世界（よかい）はエネルギーの変様現象であると観てよいか？（2.02.16）
「もちろんそうである」
――全世界（よかい）においては隙間のごときものは存在しないのか？（3.10.07）
「隙間は存在している。必然の及ばぬ領域である。したがって、当たり前ということが通らない部分である」

6. 宇宙（その1）

銀河系の誕生は500億年ほど前の、ビッグバンによって起きたようです。また銀河系には七つの地球型惑星が存在するそうです。火星には、巨大ミミズ（全長2キロメートル、緑色にて黒輪しま模様）が存在していますが、本来はゴミ捨て場であり、宇宙の流刑地であると説明しています。呪いのエネルギー体が残っており、人類は近づかない方がよいようです。金星には今から73億年前に文明期があったのですが、現在は人霊の一部が異次元にて残存している状態です。月は地球の片割れでなく、別の天体です。もともとデコボコの大天体であったものが、バラけて、出来たものです。もちろん地球とは相関関係がありました。太陽の裏側の地球軌道上に地球型の惑星が存在します。地球より少し小さいですが、生物体が存在しているようです。

ブラックホールとホワイトホールは、宇宙に流れを作るための必要機能であるとします。両者は対になり、循環ポンプのような役割を果たすようです。シーダの一部となります。

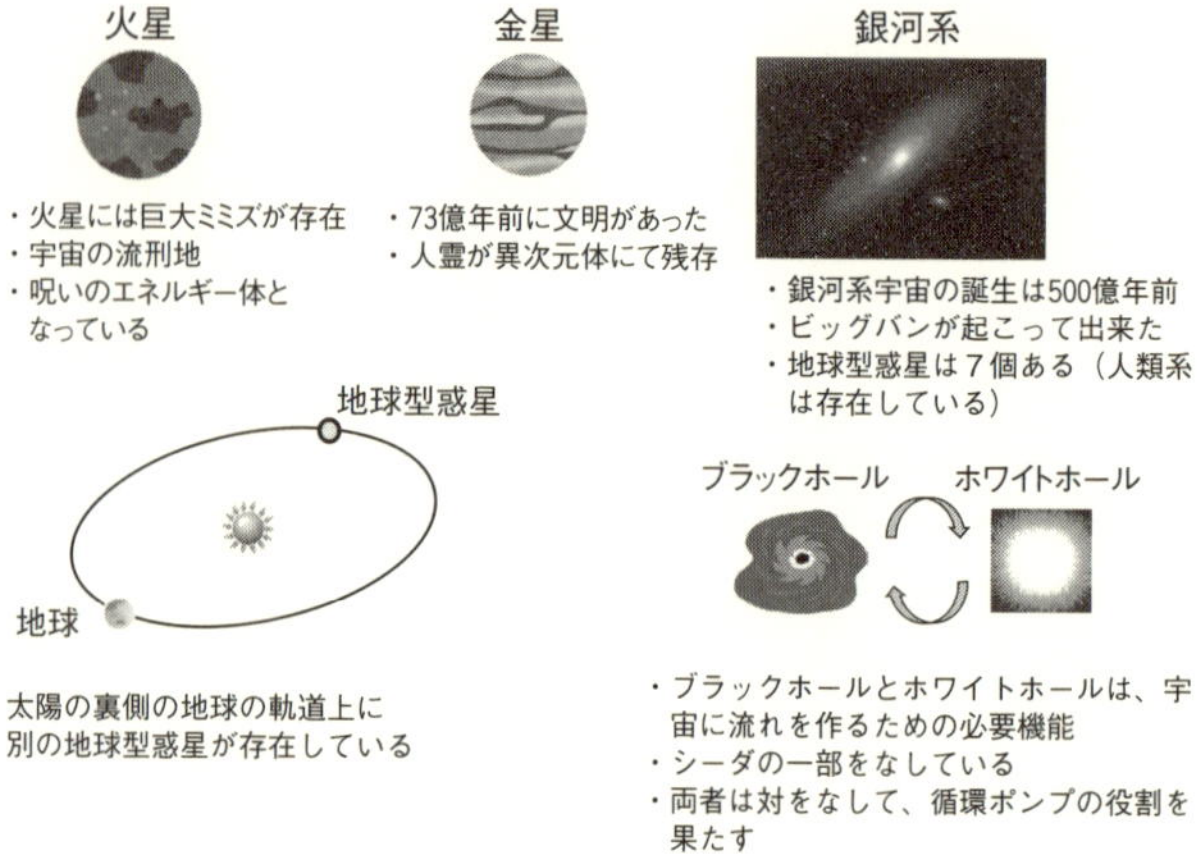

・火星には巨大ミミズが存在
・宇宙の流刑地
・呪いのエネルギー体となっている

・73億年前に文明があった
・人霊が異次元体にて残存

・銀河系宇宙の誕生は500億年前
・ビッグバンが起こって出来た
・地球型惑星は7個ある（人類系は存在している）

・ブラックホールとホワイトホールは、宇宙に流れを作るための必要機能
・シーダの一部をなしている
・両者は対をなして、循環ポンプの役割を果たす

宇宙の暦は、永遠の先までおおむね決定されていますが、変化現象も発生するので、修正が加わることもあります。宇宙には不測の事態は発生せず、全てが必然であるとします。

拙問天答原文

――土星の輪に飛来する超大型物体の目的は？ (0.08.08)

「土星のガスを収集するためなり。土星の輪は収集廃棄物なり」

――火星に生物はいるか？ (0.08.08)

「存在する。巨大ミミズ全長2キロメートル。緑色にて黒輪しま模様あり。本来もっと地中深くに入りたがっているが、それができない思いがある。火星のミミズは以前に繁栄していた生物魂の集合魂とみられる」

――地球に宇宙人の基地はあるか？ (0.08.08)

「多数あり。ただし地球の軍事基地もあり（理由：宇宙人に対抗するため）」

――宇宙人は地球をどう思っているのか？ (0.08.08)

「程度が低いので大半は無関心。関心のある宇宙人はやや程度が低い連中なり」

――かつて金星に文明はあったのか？ その後どうなったのか？ また、かつて火星に文明はあったのか？ その後どうなったのか？ (0.09.13)

「金星に文明期はあった。今から73億年前である。現在は人霊が異次元にて残存している。火星には文明と呼ばれるものはない。本来はゴミ捨て場であり、宇宙の流刑地である。現在もそうであり、呪いのエネルギー体となっているので、今後とも地球人類は近づかない方が無難である」

――銀河系宇宙が出来たのは今からどのくらい前か？（0.10.03）

「500億年くらい前である。ビックバンが起こって出来た」

――月は地球の片割れであったのか？（0.10.06）

「月はまったく別の天体である。元来デコボコの大天体であったのがバラけて出来たものだ。ただし、地球とはある相関関係があったのだ」

――太陽の裏側に地球軌道上に別の地球型惑星があるというが、事実なのか？（0.10.08）

「存在している。太陽を見てその左側の斜め後ろだ。地球よりやや小さい。人類はいないが生物体は存在している」

――かつてわれわれが所属する宇宙が消滅するほどの闘争が発生したことがあったか？（1.12.17）

「いかなる大闘争が発生しようが、それは宇宙内に起こる一種の化学変化にすぎない。

異なる作用の一つだ」

——宇宙に存在するブラックホールは欠陥点なのか？　それとも必要機能なのか？もし必要ならいかなる機能であるのか？（2.02.13）

「宇宙に流れを作るための必要機能である。これはシーダの一部をなしている。ホワイトホールと一対をなして循環ポンプの役割をなしているのだ」

——3次元物質世界が全世界《よかい》の土台であるということならば、全世界《よかい》は先《ま》ず3次元世界が出現してから順次出来上がっていったのか？（2.03.20）

「そういうことでもない。順次出来上がっていったという過程ではない。3次元物質世界は全世界を包み込む外枠の世界を担っている」

——宇宙の暦は永遠の先まで決定されていることなのか？（3.01.13）

「おおむね決定されていることである。ただし変化現象も発生するゆえに修正が加わることもある」

——宇宙には不測の事態は存在するのか？（3.01.14）

「無い」

――恒星も惑星も星には意識が存在していることが一部では知られているが、われらが地球意識の中にも生命意識体が混在するごとく、他の恒星や惑星内にも多種多様な意識エネルギーが混在しているのか？（3.11.14）

「エネルギー体として混在している。それはもし人類が接触を試みれば人類にわかるように出現するだろう」

――われらの太陽にも神々とおぼしき存在者がいるといわれているが、そのとおりなのか？（8.11.15）

「エネルギー体として存在しているものが人間のイメージに合わせて出現するのである。実際の状態は人間が自身でイメージして創造されたものが出現してくるのであるが、神としての状態であってもレベル的には低いこととなる。本来はもっと高度なる意識としてのエネルギー体である場合が多いのである」

――宇宙や前世界（よかい）において地球と全く同様の自然環境を有する惑星体は存在しないのか？（3.12.04）

「物質体としては見られない。波動におけるエネルギー体としては同様の組成のものはある」

7. 宇宙（その2）

銀河系に存在する七つの地球型惑星には、人類系が存在していますが、文明という概念はなく、星自身が都市を構成し文明になっていると解説します。これらの地球型惑星の創造主は地球と同じ創造主であり、ただ創造目的が異なっており、形体や機能は異なり、人体様ではありません。また人類と同様、欠陥をもっており、人類を認知しています。地球人類と同様に将来の探査研究にしようと思っているようです。

地球に飛来する宇宙人は、普通は一中継点として使用される場合が多く、本体ではなくサイボーグ的な存在です。地球人に接触してくるのは、レベルが低い連中であると説明します。すでに地球生態系全体には、宇宙人の手が加えられています。これも必然です。気付きや教化の目的のためです。地球人体に入った宇宙人の意識体を保護するために、地球から発生するエネルギー体を整備し区分したのです。現在、地球人体を有した宇宙人は、全人類の35パーセント程度になります。見分ける方法は、ショートケーキが大好きか、大嫌いだという人がそうだと言います。

銀河系の7カ所の地球型惑星

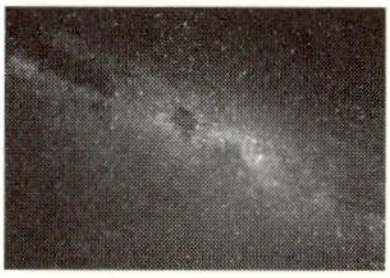

・銀河系の7カ所の地球型惑星には人類系が存在する
・星自身が文明となっている（星全体が都市を構成）
・人類系は、地球と同じ創造主が創造した
・創造目的が異なっており、形体や機能も異なっており、人体様ではない
・地球人と同様欠陥をもっている
・人類を認知している

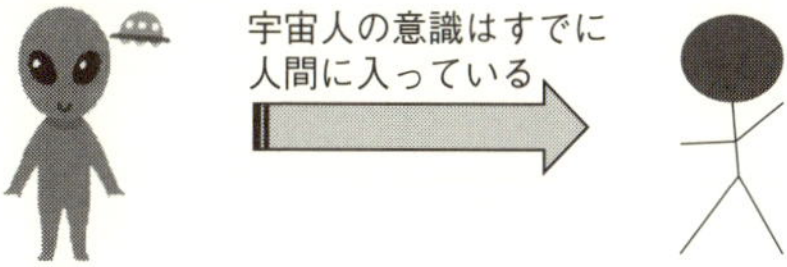

・宇宙人により人類の生態系には手がすでに加えられている
・地球人体に入った宇宙人の意識体を保護するためである
・気付きや教化が目的・全人類の35%程度は宇宙人の意識体
・見分け方はショートケーキが大好きか、大嫌い

人類以外の他の生命体も人類と同じくそれぞれの魂が相当の四苦八苦の状態となっています。これは味であるとしています。宇宙人が保有するテクノロジーは人類を思考法が異なっており、定義とか定理が地球のものと根本的に異なるようです。宇宙人の魂も人類とは性質の異なるもののようです。

拙問天答原文

――この銀河系宇宙において、地球型惑星はどのくらいあるのか？（0.10.04）

「7個ある。人類系は存在している。文明というのはない。星自身が文明であるからだ。星全体が都市をなしているものである」

――地球人類は他天体に移住して存在してもいいのか？（1.05.11）

「移住して存在してもよい。しかしまだ時期尚早である。たぶん地球世界で悩みを抱えた者たちが移住の道を選ぶだろう」

――他の宇宙において人類の創造はなされているのか？　それはいかなる目的を有しているのか？（1.10.08）

「異なる形式、形体にて行われており、目的もおのおの異なったものである」

――この銀河系宇宙には7カ所の他の人類系が存在しているということであるが、地球人類と同じ創造主によるものなのか？（1.10.09）

「同じ創造主が創造したものである。したがって基本的には欠陥を有している」

――彼らは同銀河宇宙の存在としてわれら地球人類と同様の目的で創造されたのか？

(1.10.10)

「創造目的は異なったものだ。したがって形体や機能も異なっている。必ずしも人体様ではない」

――彼らに欠陥事項はないか？（1.10.11）

「欠陥を有している。善悪、正負、陰陽等の2元項目発生の元になった」

――彼らは地球の存在を知っているのか？（1.10.12）

「認知している」

――地球人類をどのように見ているのか？（1.10.13）

「地球人類と同様に将来の探査研究にしようとしており、宇宙への開拓行為を試みようとしている」

――いずれは彼らと交流をもつことができるのか？（1.10.14）

「そういうこともあるだろうが、当分は不可能である」

――各宇宙世界における動物や植物の形体、機能はおのおの創造者に任されていて思い思いのものになっているのか？　それとも共通した法則性を有しているのか？（1.10.20）

「形体、機能は異なっているが、全く共通の法則性を有して創造されたものである。ただし、存在している環境によっておのおの変化しているのである。共通性は必然といえる」

――原則として人類の生活圏は地球上に限られているのか？　宇宙に拡張していくことは許されないのか？（3.10.01）

「地球に限られているというわけではない。行ければ宇宙に乗り出してもかまわないのだ。しかし相当な困難を伴うことだ」

――魂が四苦八苦からなるというのは人間の場合のみということか？　それとも他の生命体にもかかわることなのか？（3.10.10）

「各生命体においてもそれ相当の四苦八苦状態となっている。いわば味なのだ」

――宇宙人と地球人との生活における形態はどのように異なっているのか？　根本的相違は何か？（3.10.13）

「全く比較の対象外のものである。まず人間というものは生ものであり、宇宙人は乾物のようなものだ。エネルギー物質としてあり、地球に飛来する人体様のものはサイボーグのようなものである」
――宇宙人が保有しているテクノロジーに対する考え方と地球人のそれに対する考え方の違いはどこにあるのか？（3.12.11）
「思考法が全く異なっており、定義とか定理が地球のものとは根本的に異なっている」
――宇宙人にも魂があるのか？（4.01.15）
「魂とは性質の異なるものである」
――地球へ来訪してくる宇宙人は予定された必然としてやってくるのか？（3.01.12）
「普通は一中継点として使用されている場合が多く、本体ではなくサイボーグ的存在である。地球人に接触してくるのはレベルが低い連中である。すでに地球生態系全体に彼らの手が加えられている。これも必然によるものだ。気付きのためや教化の目的もあり、現時点にて発生している事態と見えても、過去の再現であるという場合もある」
――宇宙人の地球への生態干渉があった件について、彼らはどのように行ったのか？そしてその目的は？（3.02.11）

「地球から発生するエネルギーを整備し区分化したのである。したがって、直接的に生態系に手を加えたわけではない。目的としては、地球人体に入った宇宙人の意識体を保護するためである」

――人類の肉体の機能にも手をつけたのか？（3.02.12）

「更新のために一部であるが、手を加えている。意識体として入り込むためである」

――現在、地球人体を有した宇宙人はどのくらいの割合で存在するのか？（0.09.18）

「全人類の35パーセントぐらいがそうだ。やむをえず入らねばならぬ理由にて入っているようだ。地球人類が高級霊に押入された。見分ける方法はショートケーキが大好きか、大嫌いだという人間がそうだ」

8. 地球

地球と地球に住む人類との関係についての拙問天答が相当数あります。まず、地球で起きる天変地異といった自然現象は全て必然であり、地球の意思ではありません。地球の生命体に対する不安定な状況は特にこれを考慮したわけではなく、天体自体の都合で発生するもので、全て自然の一部として発現しています。生命体を宿す他の天体も同様な状況となっていると言っています。

次に人災や環境問題等人類に起因する問題については、現在の惨状は一種のウミ出し現象であり、もっと大火として噴き出さないと好転期には移らないだろうと言っています。今後200年ぐらいは、気付きのための世になるだろうとも言っています。これに対して地球はジッと耐えているのだとも言っています。地球自体が自己復帰を決意したとすると、人間にとっては大災害を受けることになります。

地球意識と人間とのコミュニケーションは普通の形では不可能ですが、地球意識に同調するという形でコミュニケーションすることは可能です。具体的には人類の諸行為に関するルールを作り、これに添っていく努力をすることが大切であると言っています。またこのルールを作る過程において、テーマとか目的の本質をいかに見つけ出すかが重要であり、人類の都合のみを考えると意味がないとも言っています。

人類は地球の単なる寄生者ではなく、人類が宇宙組織に対して必要となるエーテル体を創る場として地球が存在しているという関係を明示しています。

地球の存在は現在ダブルワールドの表と裏の二重になっており、いわば影の支配力が表を支配せんとしています。影の世界が世界統一を目論《もくろ》んでいます。理想からではなく欲望によるものでありますが、これからも強い影響力を及ぼすことになるだろうと言っています。

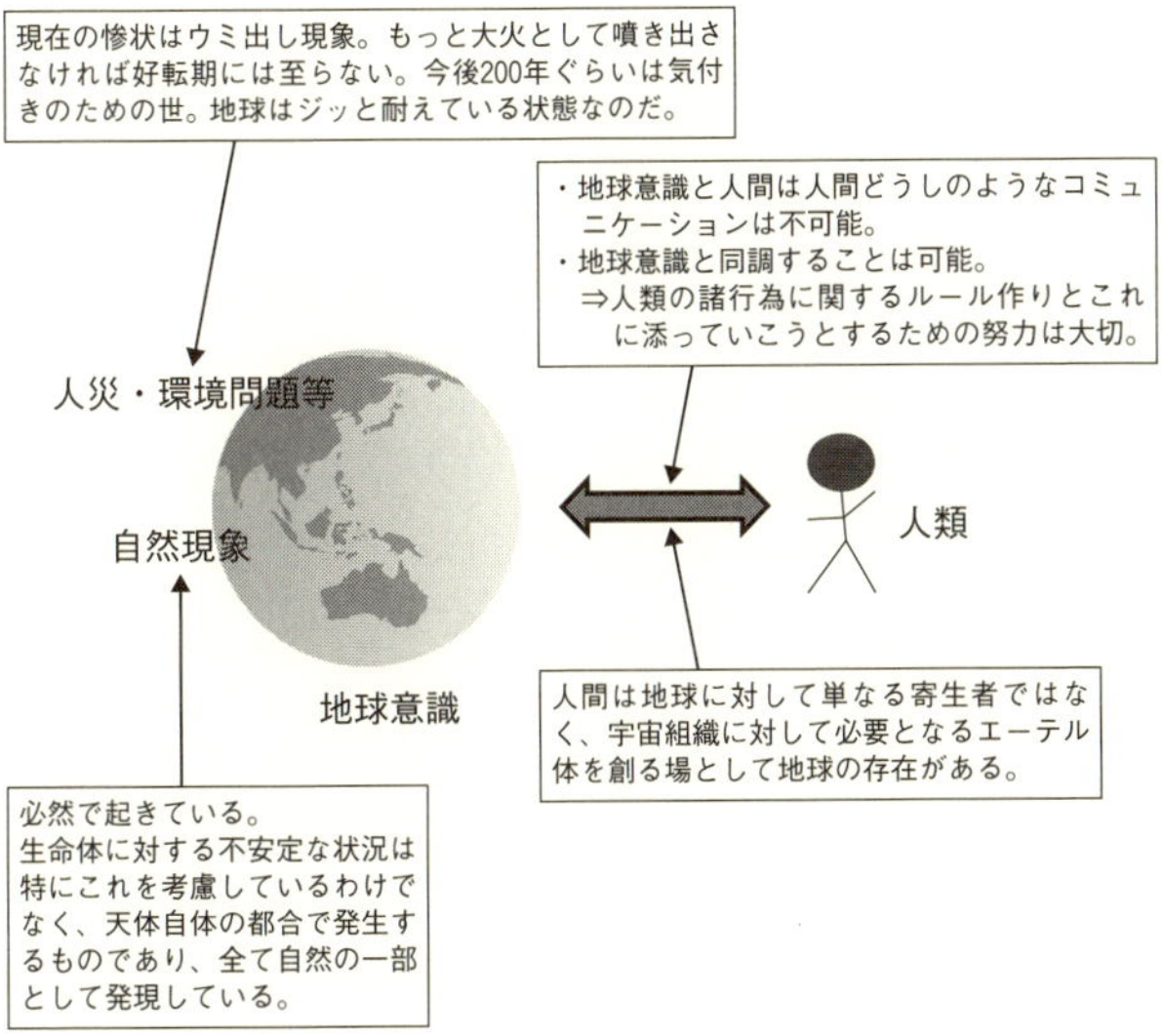
現在の惨状はウミ出し現象。もっと大火として噴き出さなければ好転期には至らない。今後200年ぐらいは気付きのための世。地球はジッと耐えている状態なのだ。
・地球意識と人間は人間どうしのようなコミュニケーションは不可能。
・地球意識と同調することは可能。
⇒人類の諸行為に関するルール作りとこれに添っていこうとするための努力は大切。
人災・環境問題等
自然現象
人類
地球意識
人間は地球に対して単なる寄生者ではなく、宇宙組織に対して必要となるエーテル体を創る場として地球の存在がある。
必然で起きている。
生命体に対する不安定な状況は特にこれを考慮しているわけでなく、天体自体の都合で発生するものであり、全て自然の一部として発現している。

拙問天答原文

——なぜ地球はこうも悲惨なのか？（0.08.06）

「進化が悪いからだ」

——少なくとも人災による不幸現象を消去していく方向はとれないのだろうか？（0.09.11）

「現在の惨状はウミ出し現象であり、もっと大火として噴き出さなければ好転期へは移らないだろう。したがって大規模であればあるほど良いので、考えられないところで多々発生するだろう。そうして気付きの時代に入っていくのだ。今後２００年ぐらいは気付きのための世になるだろう」

——理想地球が創造されたときの理想とはなんだったのか？（1.01.01）

「宇宙の体系化をもとに宇宙の組織のために必要なエネルギー体として存在たらしめんために分離して創造された」

——地球の自然現象は必然で起きているのか？　それとも意思の反映か？（1.02.04）

「必然である。ただし必然を司るのは創生であり、創生が司るのが御《ぎょ》である」

——地球人口は現時点において適切量なのか？（1.03.15）

「まだ増加するだろう。適切量というものはない」

――人類を地球意識と同調させていくためには、いかなる方策と努力が必要となるか？（1.06.12）

「まず地球意識と同調するための人類の諸行為に関するルールを作り、これに添っていく努力をすることが大切であるが、このルールを作る過程においてテーマとか目的の本質をいかに見つけ出すかもまた重要であり、人類の都合のみ考えて作り上げたとしたら何の意味ももたないことになる」

――理想地球の状態では、人類にとって喜びや希望にあふれている状態であるのか？（1.07.03）

「人類にとっても喜びや希望に満ちた状態であるということだ」

――地球世界は現在ダブルワールドの世界を呈しているのか？（1.11.10）

「表と裏の二重になっており、いわば影の世界であり影の支配力が表を支配せんとしている。世界統一を目論んでいるが、理想からではなく欲望によるものである。これからも強い影響力を及ぼすことになるだろう」

——ダブルワールドの存在意義はあるのか？（1.11.11）
「意義はある。人間にとって一応進化の役に立つ」
——人間は地球に対して単なる寄生者にすぎないのか？（2.01.09）
「単なる寄生者というのではなく、宇宙組織に対して必要となるエーテル体を創る場としての地球の存在という関係がある」
——人間は地球環境をコントロールするという考えをもつべきではないのか？（2.01.10）
「人間の営みによる地球に対する所行の結果、さらに不適切な環境を招き、自らが改善の作業を施さざるをえない状況に追い込んでいるのであり、コントロールせざるをえないことになっているのである。地球が自己復帰を決意したとしたら、人間にとっては大災害を受けることになる。地球はじっと耐えている状態であるのだ」
——人類は一般に地球意識とコミュニケーションがとれるようになるのか？（2.01.11）
「人間同士のやり取りのようにはいかない。不可能なことである。ただし、地球意識に対して同調することは可能である」
——かつて人類は地球自体を神と見立て地球神を創ったことがあるか？（2.05.08）

「ある。地の神としているのが地球神を対象としている意味だ。元来、地球全体であったが、時代とともに部分化して種々の形態へ変化していったのだ。人類はある部分においては地球意識と交流可能であるのだ」

――地球は有機生命体にとって安全に生息するためには非常に不安定な環境とも思われるが、これは特に考慮されてのことなのか？（3.01.11）

「生命体としての不安定な状況は特にこれを考慮しているわけではなく、天体自体の都合で発生しているもので、自然の一部として発現しているものだ。種々の事情は必然である。生命体を宿している他の天体も同様の状況となっている」

9. 必然

拙問天答には、「必然」という言葉がたくさん出てきます。私たち人間個人からみると、生まれてから、その時々で、さまざまな選択を積み重ねてきて、その結果として死ぬときにその個人の人生が完結するというとらえ方をするのが普通だと思います。

しかし、拙問天答では、「人生の体験内容は生誕のときから設定されており」、「人生において各個人がたどる過程において、当人の願望であろうがなかろうが、全くそれとは関係なく必然ルートが決まっている」と言っています。

また、大量殺戮、戦争、自殺等悲惨の状況等も全て必然であり、もともとの因果律が半分、改善させるための気付きを喚起させるためにあえてそのようになるのが半分としています。

必然ルートの変更は個人的には可能であるが、「完全無我の状態になること」が必要と言っています。「念を発すると同時に忘却すれば変更現象が自然化する」とも言っています。

人生の内容がいかなる状態であろうとも、その魂自体にはあまり関係なく、エーテル体の改善に全ての価値があるとしています。

また、人間存在そのものが必然であり、人間は宇宙維持のための良質のエネルギー体を生み出すために創造されたが、欠陥を含んでいたというのも、いまや必然として機能しているのだとしています。

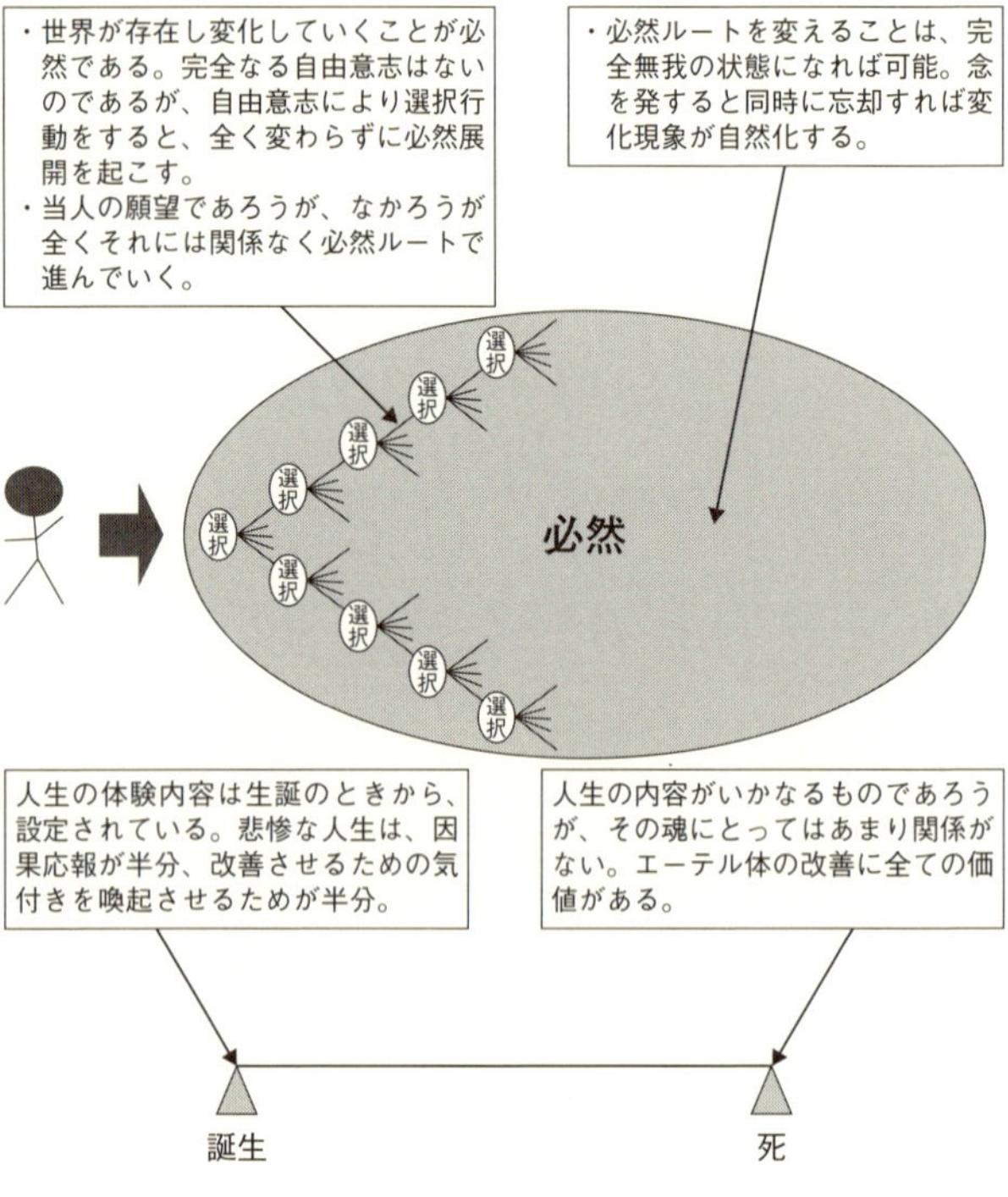
・世界が存在し変化していくことが必然である。完全なる自由意志はないのであるが、自由意志により選択行動をすると、全く変わらずに必然展開を起こす。
・当人の願望であろうが、なかろうが全くそれには関係なく必然ルートで進んでいく。
・必然ルートを変えることは、完全無我の状態になれば可能。念を発すると同時に忘却すれば変化現象が自然化する。
選択
必然
人生の体験内容は生誕のときから、設定されている。悲惨な人生は、因果応報が半分、改善させるための気付きを喚起させるためが半分。
人生の内容がいかなるものであろうが、その魂にとってはあまり関係がない。エーテル体の改善に全ての価値がある。
誕生
死

拙問天答原文

――人生の悲惨や平安の事例はそれぞれ必然で起きているのか？（1.05.04）

「全て必然の過程で起きている」

――人生の体験内容は生誕の時から設定されたものなのか？（1.05.09）

「そのとおり。設定済みである」

――種の絶滅というものは予定されているものなのか？　それとも不測事態なのか？（1.05.10）

「予定されたものである。理由は異なる種を増やすためである」

――大半の地球人類が貧しく悲惨な人生を過ごしているが、これは地球人類としての必然なのか？　それともおのおのの因果法則下によるものなのか？（1.08.01）

「現象としては成り行きでなっている。もともと因果律の許容範囲で起こっていることであるが、結果として現れる者とその状態に関心をもち改善させるための気付きを喚起させるためにあえて陥る役目の者もあり、半々の比率にて存在している。学びの状態が提起されているのであり、感謝せねばならないことなのだ。状態の改善は自己との戦いが主眼であり、知恵の出しどころなり」
――単なる悪意からとは考えにくいところで人間社会における裏切り者や陥れる者の存在は必要とする意味を有するのか？（1.08.07）
「これは必然事項である。これが人間そのものを現している。諸事において気付きを起こさせるためも含まれている」
――必然は因果の法則のことであるのか？（1.11.15）
「一部含まれるがそうとも言えぬ。必然とは無限に広がりゆくための一つの過程だ」
――必然を変更できる次元があるならば、釈迦根本仏より上次元となるか？（1.11.06）
「そのとおり。根本仏も必然の中にあり」
――全て必然となれば、一周期の終わりまで出来事は決定済みということであろうが、過程における必然ルートは無限にあるのか？　それとも限定されるのか？（2.01.19）
「世界が存在し変化していることがすでに必然である。したがって完全なる自由意志などないことではあるが、自由意志により選択行動すると、全く変わらずに無限の必然展開を起こすことが可能となっている。自由自在の必然展開なのだ。必然に必然たる意味は深遠なるものなり」
――必然ルートの自己選択は可能か？　もし可能ならばいかなる方法によるのか？（3.01.09）
「可能である。想念の力で実行できる」
――人類にはゴール（最終到達地点）が必然の中に組み込まれているのか？　それとも常に変化の中にいる存在なのか？（3.05.19）
「永遠の変化の中にある存在なのだ」
――戦争のような大量殺人行為も必然として組み込まれているということか？　それに対する目的のようなものはあるのか？（3.12.06）
「もちろん必然である。発生するか停止するかは成り行きということで、特に目的があるわけではない」
――人生における各個人個人のたどる過程において、当人の願望であろうがなかろうが、全くそれには関係なく必然ルートで進んでいくのか？（4.02.13）
「全くやらされていることゆえ、そのとおりである」

――もし自殺できたとしたらそれは必然のルートに含まれるということか？　その場合どのような意味を有するのか？（4.04.09）
「必然ルートに入っている。一種のエネルギー調整下にあるということだ」
――現在の必然ルートの設定を変更させることは可能か？（4.04.14）
「個人的に観れば可能という状態に入れる」
――可能ならばいかなる方法をもってして実施できるのか？（4.04.15）
「完全無我の状態になり、念を発すると同時に忘却すれば変更現象が自然化する」
――人間の存在は手段の一つなのか？　それとも必然か？（4.04.19）
「宇宙維持のための良質のエネルギー体を生み出すためのものとして創造されたが、欠陥を含んでいたというもの、いまや必然として機能しているのだ」
――人生の内容がいかなる状態になろうと、その魂にとって何か価値を有するものがあるのか？（1.05.05）
「魂自体にはあまり関係はないが、エーテル体（宇宙調和体）の改善のためには全て価値がある」

10. 退化・進化

人類は誕生してから、文明を築いては壊してきたのですが、人類の退化・進化について拙問天答ではいろいろ述べています。

まず、進化した状態とは、光（思考の光）が出る状態となったときであり、本質へいたる術を魂が知った状態であると解説します。ハードが先行する状態は退化であり、ソフトの卓識なる向上がなければならないという言い方をしています。機械文明は退化の現れであるとします。

人類の退化度合いは、現状復帰を１００パーセントとすると、マイナス97パーセント程度であり、３パーセント程度しか復帰していない状態です。また、肉体人間の能力としては、３パーセント程度しか利用しておらず、残り97パーセントは眠ったままであると言っています。理想の男女を１００点とすると、男女とも40点程度であり、１００点に近づけるのは、本質的な変革と経過すべき時間が必要であるとも言っています。

人間は元来問題事項が常にあり、多種多様な感覚刺激を受けることが大事であるとしています。

人間が創出する文明機構と称するものが、一応存在できるということは、地球と100パーセント同調というわけではありませんが、ある程度同調しているからだということです。ただ崩壊するのは文明の自浄作用によるものです。

人類は格子を前に立てて退化の道を歩んできたという言い方もしています。この格子とは人類が抱いている概念のことであり、全視野的にとらえず、観るところ観ないところを振り分けることを言っています。これは人間的な見地から言えば退化ということだと言っています。佐久間氏が描いたイメージ図を添付します。

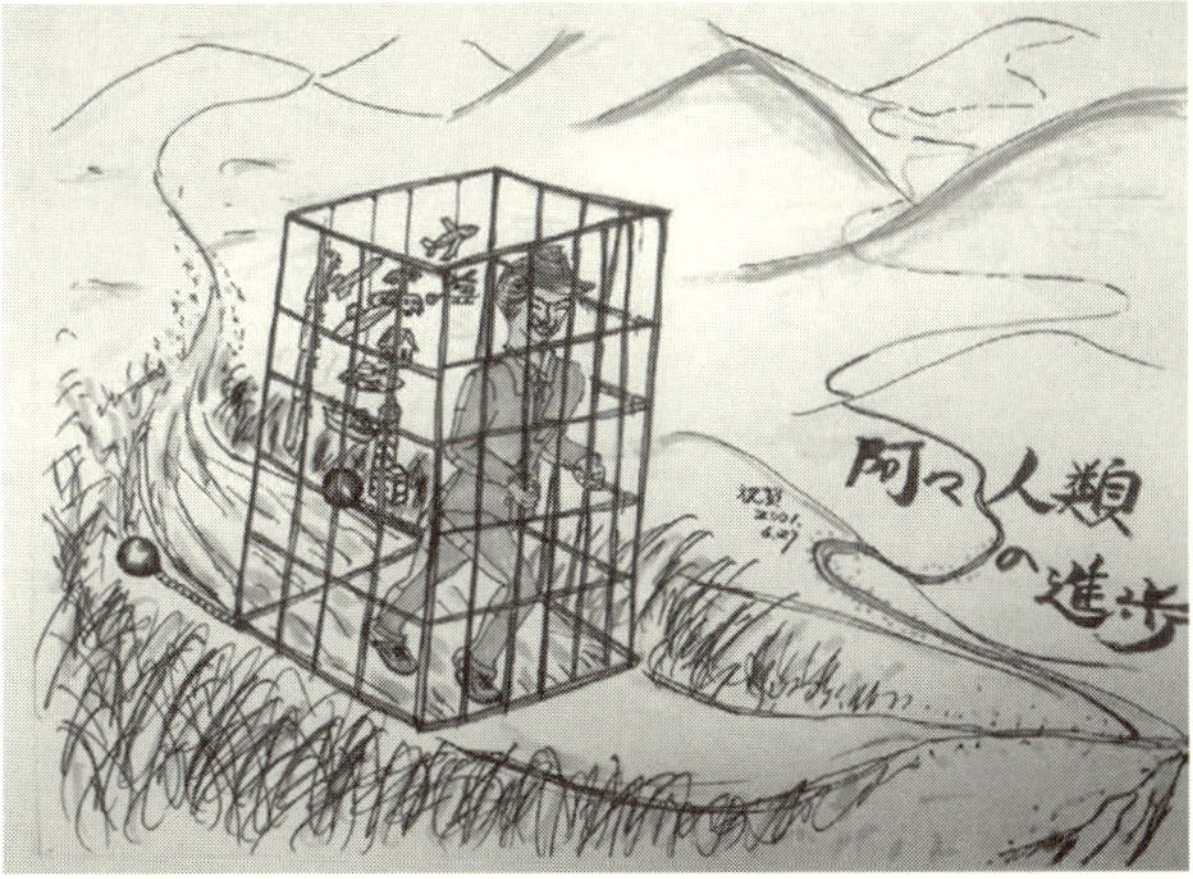
阿々人類の進歩

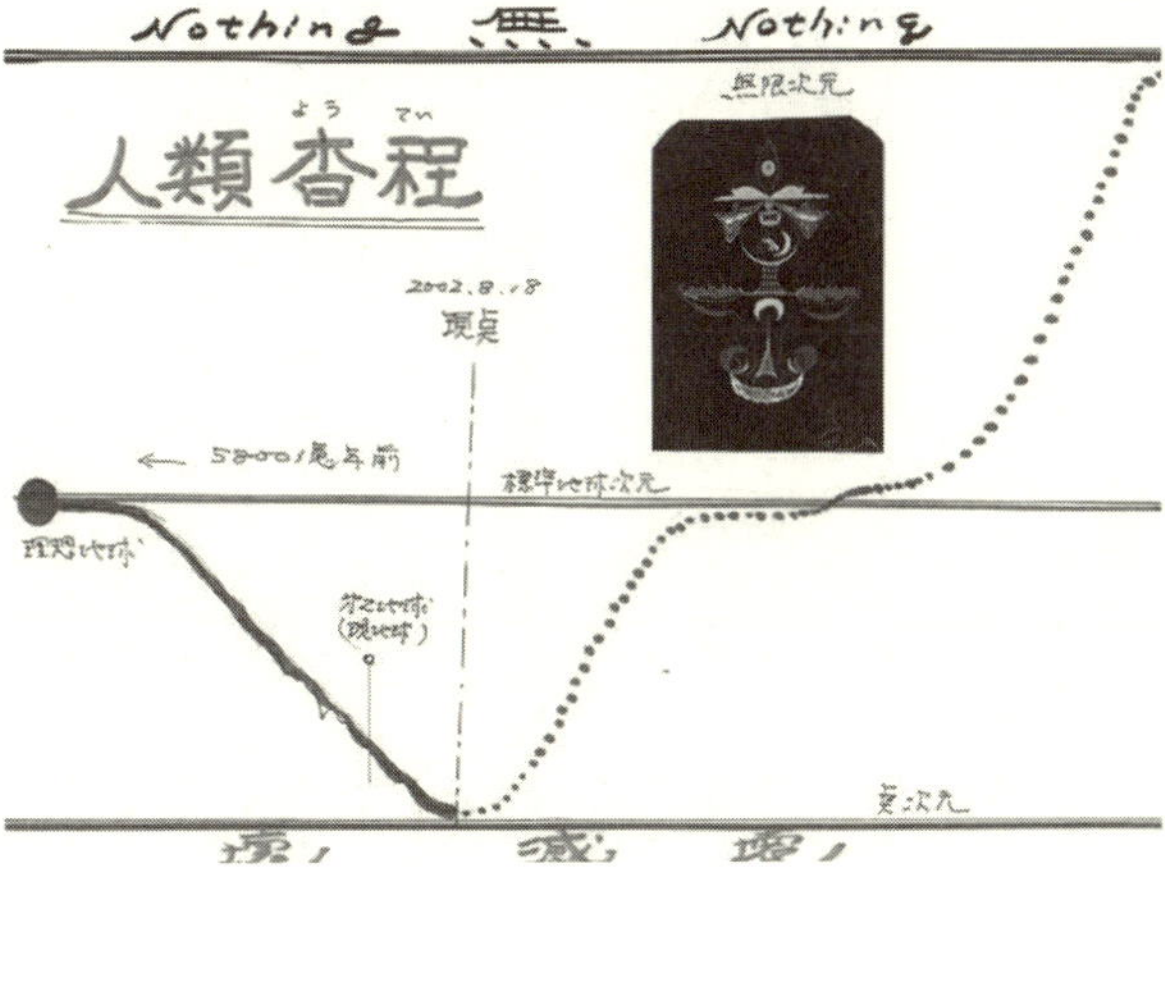
Nothing 無 Nothing
無限次元
人類杳程
2002.8.18
現点
← 5800万年前
標準地球次元
理想地球
負次元

拙問天答原文

——最終的に人類は初元に戻れるだろうか？（0.11.02）

「戻っていくだろう」

——地球世界にはなぜ病原菌や素毒、毒物、破壊要因が存在しているのか？（0.12.01）

「進化促進のためである。人類の稚拙未熟な諸点に関しての気付きの修練なり」

——理想の男性および女性を１００とすると今現在の人類男女の平均評価点はどのくらいか？（0.12.06）

「男女とも40点である」

——肉体人間としての潜在保有機能はあとどのくらいもっているのか？（0.12.18）

「今人間能力として使用しているのは3パーセントくらいのものだ。したがって97パーセントがまだ眠ったたままだ」

——人間の肉体は完全体として作られたのか、それとも改良余地体として作られたのか？（1.01.04）

「改良余地体として作られた。したがって進化していくことになるが、退化してしまうこともある」

――理想人間たる人間をみて現人類は40点ぐらいとのことであるが、あとの不足60点は何か？（1.03.05）

「経過すべき時間である。本質的な変革である」

――機械文明というのは進化の現れ、それとも退化の現れ？（1.08.10）

「退化の現れである」

――では、進化した状態とはいかなる状態を指すのか？（1.08.11）

「光（思考の光）が出る状態となったときである。本質へいたる術を魂が知った状態である。ハードが先行する状態は退化であり、まずソフトの卓識なる向上がなければならない」

――人類の退化度は、現状復帰の状態を１００パーセントとして、現在はどのくらいのものか？（1.11.04）

「マイナス97パーセントであり、３パーセントしか復帰していない」

――人間が多種多様の感覚刺激を経験することは、人間進化に役立つことなのか？

(3.01.07)
「もちろん進化に役立つことである。人間の通り道ということだ。元来、人間は問題事項があって通常なのである」
――人類は格子を前に立てて退化の道を歩んできたというが、格子は何を意味するのか？（3.11.01）
「格子とは人類が抱いている概念のことである。全視野的にとらえず、観るところ観ないところを振り分けることだ。これは人間的な見地から言えば退化ということだが、宇宙的に観れば、全くやらされている予定行動である」
――生命体は真理を自己認識する方向が進化ということか？（3.12.09）
「進化は自然に進むことである」
――人間はなぜに地球上で最高に進化を遂げた存在であると自負しているのか？（3.12.10）
「全く人間的な考えである。ご都合主義からきたものだ」
――進化と退化とは、単なる変化現象であるのか？　それとも宇宙は常に進化へと向

かうものなのか？（4.01.10）
「行為に伴う現象である」
――人間が肉体を保持する第一義は良質のエネルギー体を作ることにあるのか？（4.05.04）
「それも一部の意義であるが、生命の大切さを経験させることにあるのだ。生命の実感を肉体をもって体験させ、これを枯れさせないよう努力させるのだ。時、環境、圧力等のレベルにも関係してくることでもある」
――人間が創出する文明機構と称するものが地球と同調するためには何が必要か？（4.05.10）
「まず文明が一応存在できるということは、１００パーセント同調というわけではないが、同調しているからだということである。ただ、崩壊するのは文明の自浄作用によるものである」

11. 神仏・宗教

神仏とは人間が創造した理念エネルギー体であると言い放しています。神仏が存在するための要素を示すことで、人間が人類の発生源の追究に貢献することができると言っています。この要素とは、人間の存在意義の確保という意味であると言います。神仏は人間に対する機能という言い方もしています。宗教も完全に人間想念が創り出した創作物であり、宗教は「狭める思い」であるという言い方もしています。

神仏に対してお願いをするという行為は、願わせてそれをやらせているだけであり、人間は信念を働かせて実現化していく場合もあり、信仰という形で業の強制をさせていることになると言っています。

世界各所に現れるチャネラー（霊媒師）は、地球にとって空気孔の役割を担っており、ガス抜き、入れ替えの機能により地球の形態を維持していると説明します。この穴がないと地球は崩壊していくのです。チャネラーは、現象的には天から啓示を受けているのですが、啓示は受け手のレベルに応じた次元からくるようです。モーゼ、キ

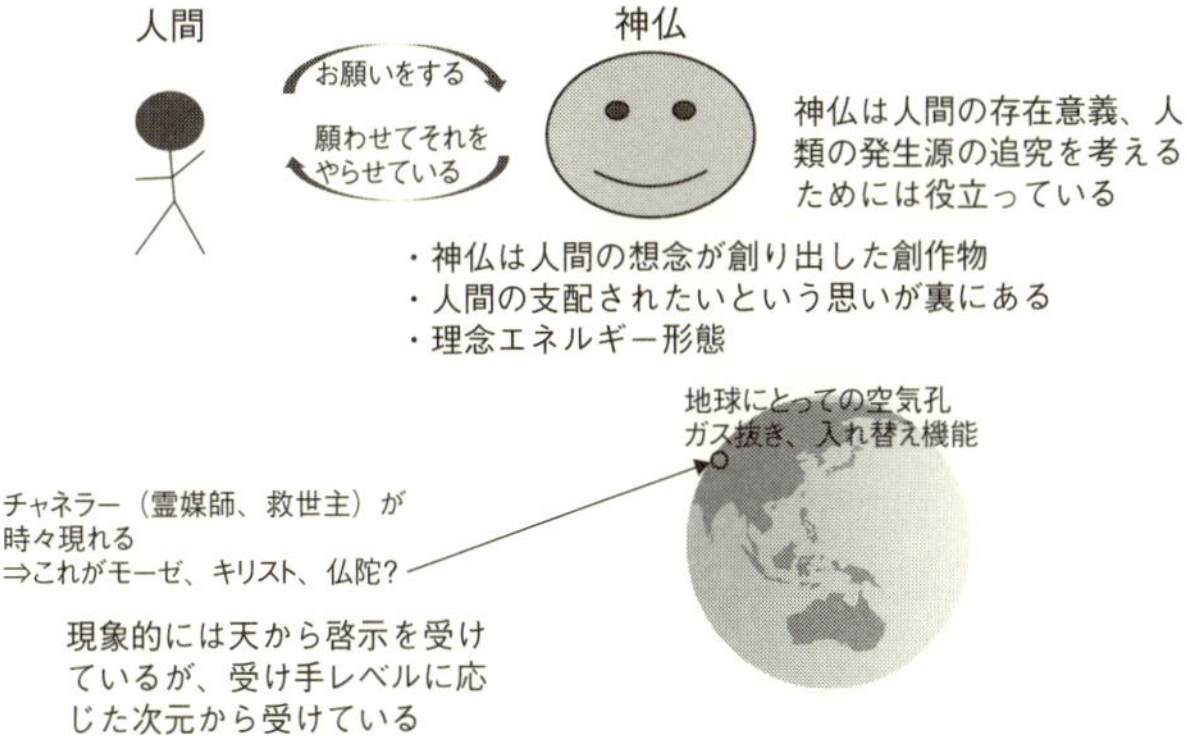
人間
神仏
お願いをする
願わせてそれを
やらせている
神仏は人間の存在意義、人類の発生源の追究を考えるためには役立っている
・神仏は人間の想念が創り出した創作物
・人間の支配されたいという思いが裏にある
・理念エネルギー形態
地球にとっての空気孔
ガス抜き、入れ替え機能
チャネラー（霊媒師、救世主）が
時々現れる
⇒これがモーゼ、キリスト、仏陀?
現象的には天から啓示を受けているが、受け手レベルに応じた次元から受けている

リスト、仏陀などはチャネラーの一人であると思います。

仏法は人類進化のための全てではないが、一要素として役立つと言っています。ただし仏法だけでなく、社会そのものからの学びであるとか、自然からの学びとか、この世の全てが学びの場になると言っています。

拙問天答原文

――神仏は何のために存在しているのか？　人間の進化とどうかかわっているのか？（1.11.01）

「要素の確保のためである。神仏が存在するための要素を示すことである。人間に対しては源の追究に貢献するためだ。源とは、人類の発生源に関することとなり」

――神仏の存在理由が要素の確保であるとは、何の要素を指すのか？（2.02.23）

「要素とは存在のことである。つまり存在とは、人間の存在を意味し人間の存在意義の確保ということである。神仏は人間に対する機能なのだ」

――神仏への崇拝は継続事項であるのか？　そうであるならば、いかに行うのが適切であるのか？　また偶象を崇拝していくことになるのか？　祈願の内容と方法はいかに？（0.09.03）

「もちろん継続事項である。今後も神仏は崇拝されなければならない。適切な方法というのは根底から変わるだろう。全ての道程を見極めてから行え」

――宗教は完全に人間の創造物か？（1.11.18）

「そのとおりである。また宗教における神も人間の創造物である。宗教とは『狭める思い』なり」

――悪神、邪神とは何か？（1.11.19）

「人間想念が創り出した変形体であり、想念エネルギー体である。人間愚性の産物」

――世界のチャネラー（つまり霊媒師）を通して出現させる救世主とか予言者というのは何者であるのか？　また目的は何か？（1.11.20）

「地球にとって一つの空気孔の役割を担っており、ガス抜き入れ替えの機能により、地球の形態を維持しているのである。この穴がないと地球崩壊を起こすこととなる。現象的には天から啓示を受けているのであるが、受け手のレベルに応じた次元から送られてくるものとなる」

――神仏は初元より神仏として創造されるのか？（2.04.17）

「まず、人間にとって神仏とは、人間が創造した理念エネルギー体である。シーダの中の一部要素であり、それを人間が感じ取って神仏として採用するのである。次に、神仏は数霊でもあり、初元にそれとして存在する。偶数ではなく奇数として現れる」

——神仏は人間の生活上の要望を原則として聞き入れてくれているのか？（2.10.11）
「願いを聞き入れるということではなく、願わせてそれをやらせているのである。人間は信念を働かせて実現化している場合もあり、信仰という形態で、業の強制をさせられている場合もある」
——人類に対する教化は仏法による方法が最適であるのか？（2.10.03）
「そうとも言えない。一手段にすぎない。実際は8分野以上に及んでいる。社会そのものからの学びであるとか、自然からの学びであるとか、この世の全てが学ばされている場なのである」
——仏法を守っていけば、人間愚性による過ちを防止できるのか？（2.10.05）
「仏法だけでは不足している。それに仏法の教義にはいろいろ詰め込み過ぎのきらいもある」
——人類進化のために仏法の教えが必須事項となるのか？（2.10.09）
「全てではないが一要素である」
——仏陀の慈悲とキリストの愛は同種のものであるか？（2.12.01）

「異なるものである。慈悲とは見えざる世界から出てくるもので、精神的なものである。愛は与えるという概念であり、行為が伴うものである。相方共に結果的に与えられるということになるだろうが、与えられた方がこれをどのように理解するかが大事なこととなる」

――旧約聖書にあるモーゼの十戒は現在でも人間の戒めとして有効なのか？(3.08.11)

「一応有効であり、戒めとして生きている。ただしヤーヴェ神は宇宙知性体である」

――聖書にある原罪論は愚かさに対する気休め的なもので、本来人間が考え出したものなのか？(4.01.09)

「俗世間を表したものだ。出家者の観点から俯瞰《ふかん》しているのだ」

――旧約聖書の創世記部は人間の創作なのか？ 他に何か原典があったのか？(3.02.01)

「純然たる創作というわけではない。太古においてある一定レベルの啓示があった。書かされたのが実情である。真理とは言えないが、真理へ向かうためのステップではある」

——人間が宗教を信じのめり込んでいく原因は何なのか？（3.01.05）
「行くべき理想と観られる方向性を示されているものに乗じていく現象である」
——信じる宗教が多種に分かれてブロック化していくのは何かの作用が働いているのか？（3.01.06）
「これは分散現象であり、最終的には崩壊にいたることだ。分散化は本筋から外れていくことで、本体が崩れていく姿を現す。その宗教自体の不自然さを表示している」

12. 転生輪廻

基本的には仏教等で言っている「人は死んであの世に逝っても再び生まれ変わる」という転生輪廻の概念を踏襲しています。魂が主体であり、3次元における一つの着ぐるみが肉体だという表現をしています。人間は転生輪廻を繰り返しても、基本個性というものは変化しないと言っています。しかしながら、心的エネルギー領域の所属次元が上昇し、落ち着きのエネルギー、平坦のエネルギー等の変化等となって個人に具備されるとしています。子々孫々にわたる因果現象は、もしそれがエネルギー体であれば断ち切ることは可能であるが、家系を重んじるという風潮からくる家族の思いが原因の場合はその思いを改めない限り難しいとしています。

肉体人間があの世とコミュニケーションすることは、人にもよるが可能だと言っています。もちろんレベルもおのおの異なっているとしています。

地獄は、現在では消滅して、マイナス(負)の裏次元として存在していると言います。裏次元は矯正の場として設けてあるのですが、直ちに矯正効果が上がるケースは少な

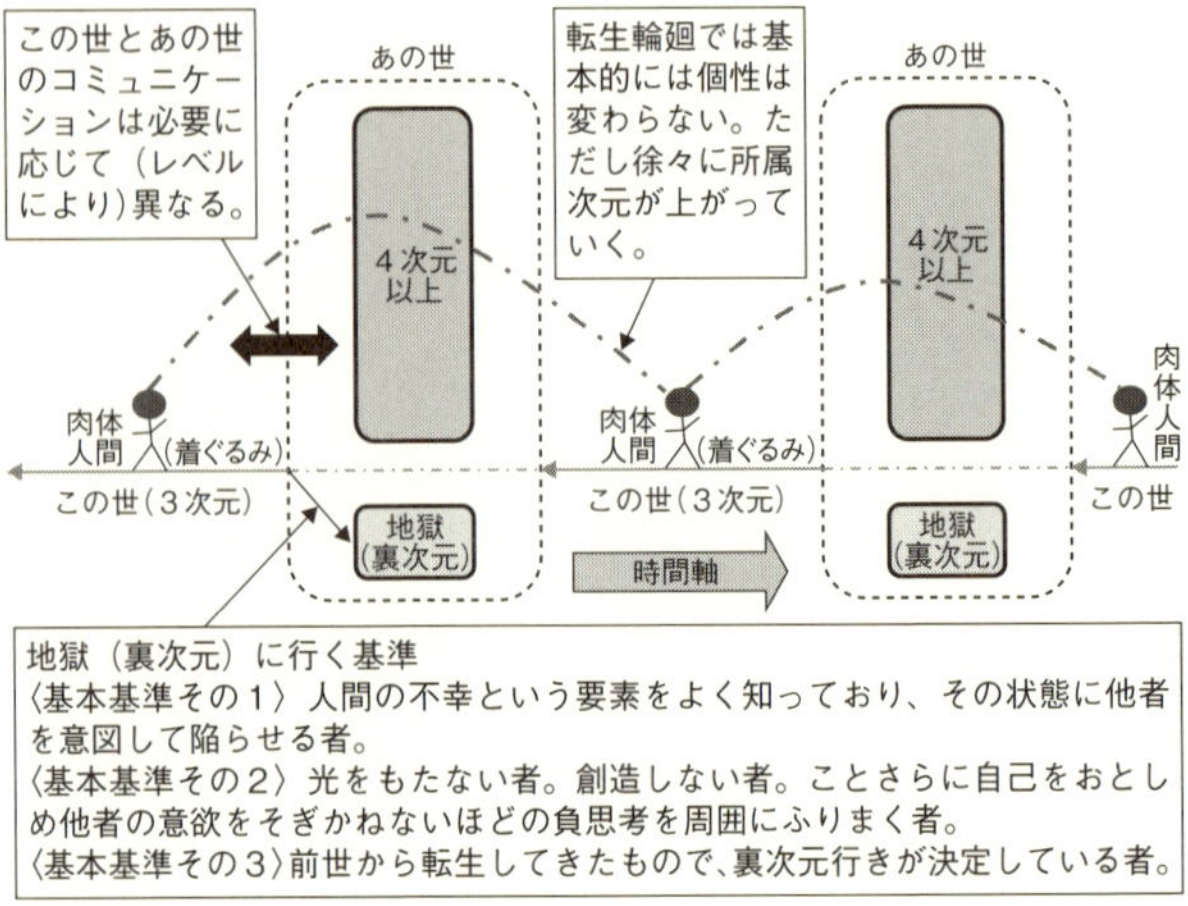

いようです。

地獄に落ちる基準はあるようで、三つの基準を示しています。

〈基本基準その1〉人間の不幸という要素をよく知っており、その状態に他者を意図して陥らせる者。

〈基本基準その2〉光をもたない者。創造しない者。ことさらに自己をおとしめ他者の意欲をそぎかねないほどの負思考を周囲にふりまく者。

〈基本基準その3〉前世から転生してきたもので、裏次元行きが決定している者。

拙問天答原文

――人間は輪廻転生を繰り返しても、その基本個性の変化はないのか？　それともその都度変わるのか？　(2.04.01)

「基本個性というものには変化はないが、心的エネルギー領域の所属次元が上昇する。落ち着きのエネルギー、平坦のエネルギー等の変化となって個人に具備される」

――過去人類史において絶滅人種となった肉体を使用していた魂たちは現在にも継続出現しているのか？　(2.04.04)

「まず絶滅にいたりしは進化のためであり、その魂たちは現在にいたっている継続人種の中に混成されている。絶滅原因の経験を活かさなければならぬ立場ながら、なかなか活かしきれていない」

――全て必然ということであれば、犯罪や事故、病気等によって落命する者は、魂の長い時系列にある因果の法則下によるものか？　(2.07.04)

「そのとおりである。しかし、いかなる人生の状態であってもそれは一瞬に等しいといえる。宇宙的観点では、人間は一瞬の間《ま》に生きているのだ。一瞬とは全ての間《ま》を言う。われわれの生命は一瞬である間《ま》に命を授けられている生命体である。また一瞬は全てのときの中に刻まれる間《ま》である」
――魂にとって肉体人間の経験は1回にて事足りるのか？（3.08.03）
「魂があくまで主体であり、3次元においての一つの着ぐるみが肉体なのだ。したがって、他の次元にはまた異なった着ぐるみがある。魂における変化の一つにしかすぎないのだ」
――子々孫々にわたる因果現象を断ち切る方法はないのか？（3.08.14）
「もしそれがエネルギー体であるならば断ち切ることは可能であるが、家系を重んじるという風潮からくる家族の思いからきているものであれば、その思いを改めない限り不可能である」
――肉体人間は不可視の世界の存在者との掛け合いをどのように行えばよいのか？単に無視していればよいのか？（1.08.04）
「人間にとって接触可能の者と、そうでない者がおり、またレベルもおのおの異なっているので、あえて特に考慮する必要はない。必要に応じて行えばよいのだ。たいていは人間より高い存在なので、いろいろと操作を受ける場合が多い」
——現時点（２００２年７月）においてこの地球磁場を中心とした非物質界に地獄と呼ばれる領域は存在するか？（2.07.10）
「かつての地獄はすでに消滅した。そのかわり負（マイナス）という裏の次元が存在している」
——人間はどうすれば地獄行き（つまり裏次元行き）となるのか？　基準というものはあるのか？　あるとしたらいかなるものか？（2.07.11）
「基準はあり、これを満たせば行ける。基本的な基準は次の3項目となっている。〈基本基準その1〉人間の不幸という要素をよく知っており、その状態に他者を意図して陥らせる者。〈基本基準その2〉光をもたない者。創造しない者。ことさらに自己をおとしめ他者の意欲をそぎかねないほどの負思考を周囲にふりまく者。〈基本基準その3〉前世から転生してきたもので、裏次元行きが決定している者」
——地獄（裏次元）は戒め場としてあるのか？　それとも矯正の場としてあるのか？（2.07.12）

「矯正の場として設けてある。しかし、直ちに矯正効果があるというのは少なく、矯正というものを知る場ということでもある」

――羅生魂（俗にいう無限地獄）となる原因は何か？（2.07.13）

「自我心から人を殺す者。自我心から自分を殺す者。宇宙法則に逆らった法を他者に説きつける者。ただし、これらの者たちは元来念のエネルギーが強力であるため、善用すれば世間に有効となるゆえ、弥勒菩薩の活動が現在入りつつあり、善転が図られようとしている。6次元光の強化もその表れである」

13. 修行

この世の肉体人間は肉体という着ぐるみをきて人生を過ごすのですが、これは一種の修行ではないかという見方があります。拙問天答は、ずばり人間存在自体がすでに修行であり、やらされているだけだとしています。また人間の修行は役に立つと言い切ってくれています。

さまざまな形で授けられた法力や修法は、人により、また時と場合により、使い分けてほしいとも言っています。唯物思考偏重のこの世に、このような法力や修法があることを知らしめてほしいとの意図もあるようです。ここで言う法力、修法は、種々の宗教等で伝授されている経典、修行方法、呪術等だけでなく、特定の方に天から降りてくる教え、知恵を言っているかと思います。法力は使用目的によって自力消滅し、法力没収、回収がなされることもあると解説しています。伝授者の適否、識別はその者のレベルに従って天界で管理されるようです。

天から降りてくる啓示は、残るべきものは自然と残っていくだろうという言い方を

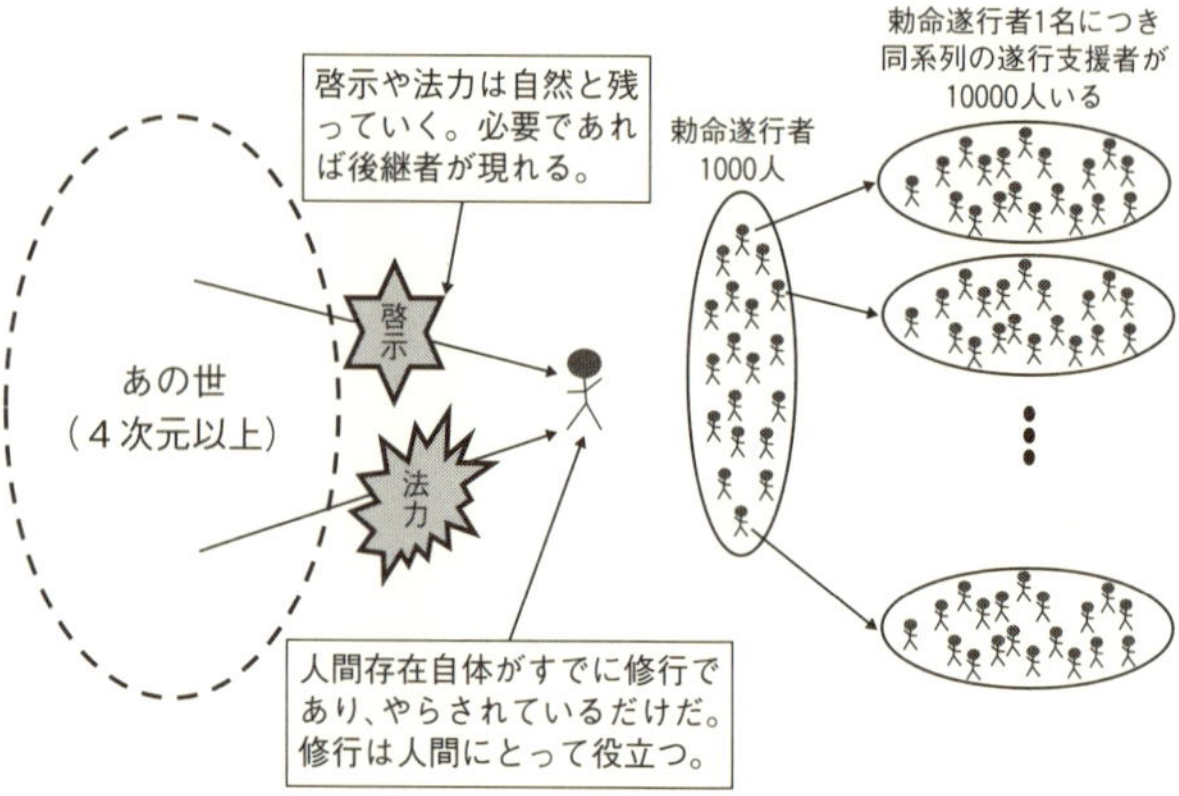

しています。後継者は必要に応じてその都度出現するという言い方もしています。地球にとっての空気孔として、チャネラーが時々現れると前述しましたが、これがモーゼ、キリスト、仏陀といった大預言者であり、その教えが継承されていき、必要に応じて再び大預言者が地球に降臨するというイメージになるかと思います。

天意の勅命を帯びた者は、この世に1000人くらいいて、それぞれに1万人程度の同系の遂行支援者がいる構図になっていると解説しています。

拙問天答原文

――人は何のために修行するのか？（0.10.36）

「人間存在自体がすでに修行であり、やらされているだけだということだ」

――人間にとって修行は役に立つものなのか？（1.12.12）

「役に立つものである。ただしその方法による。まず気付きの機会が与えられるという意味である」

――多種多様なる法力や修法が与えられるのは、人によりまたはＴＰＯによって使い分けよという意味合いであるのか？（1.08.12）

「そのとおりである。それと、唯物思考に偏重した世にこのような世界があることを知らしめる意味も含んで降ろされている」

――法力の解釈とその功罪と管理はいかになされるのか？（0.09.06）

「使用目的によって、自力消滅、法力没収、回収がなされる。伝授者の適否、識別は各位に従って天界にて管理される」

――高位なる心境の維持というのは常に意志と努力が必要なものなのか？（1.09.07）

「何をもって高位とするかは時代や環境によって異なってくる価値基準で、人間の考えた尺度となり、あまり意味をなさない」
――現在降ろされている数々の啓示は後世永遠に残されるべきものであるのか？（1.11.13）
「特に配慮せずとも自然に残っていくだろう。後継者がその都度出現することとなる」
――この日本において天意の勅命を帯びて地上にある人間はどのくらいいるか？　また、全世界ではいかほどか？（2.01.01）
「まず勅命遂行使命をもつものが千人で1単位をなし、その一人一人に対して1万人の同系統者を保有する構図をもって配置されている。したがって、日本に何人、他国に何人という考え方は適切ではない。地球規模において相当数が配置されているということだ。ある使命者がいればその関係者が他に1万人散在しているということである」
――人間が自己の愚性によりさまざまなる自縄自縛の状態に陥ってしまったとき、これを解消させるためには法力等を行使してもよいのか？　それとも因果法則の成り行きに任せるべきなのか？（2.04.15）

「まず成すべきことを成すよう努力せよ。法力とは結局のところ成すべきことを成すようにさせることなのだ。道を切り開くことであり、それに対しての気付きを与えることとなるのだ」

——種々の天啓が降下するに関して、これらにはおのおの有効期限というものがあるのか？　それとも恒久的な価値を有するが、時間経過とともに変質してしまうのか？

(2.05.18)

「天啓の内容や意義は対象のレベルによって異なってくるもので、臨機応変に行われている。もちろん内容は恒久価値を有するが、人間側の問題で消滅してしまうものもある。現時点のものは過去地上に蓄積されたものを舞い上げて、再降下させているものが多いが、多少新しき要素も新規に降下させている」

14. 人間能力

通常の人間は、人間能力の3パーセント程度しか使っておらず、残り97パーセントの能力はうまく引き出せていないと言います。人間能力をうまく引き出せない理由として、「本質を外して思考する」「概念がないと動きがとれない→自然動作ができない」「理念が邪魔をする」といった人間の悪癖をあげています。また機械文明の各種の利器を利用することも人間能力の退化につながっていると警鐘します。機械文明の発展が退化現象につながり、またもとの状態に戻る、いわゆる「回転の法則」についても説明します。利器文明の盛衰サイクルが長いほど良好状態であるという言い方もしています。

また天才は、人類本来の英知であり、人間本来の能力への気付きを与えてくれるものであり、人類が進むべき道を示すものでもあると言っています。

通常、人間が人間能力をもって引き出すのは、「事物の本質を知るように努力すること」「自然をできる限り重んじる思考法を重視して、人工的な思考行為から離れる

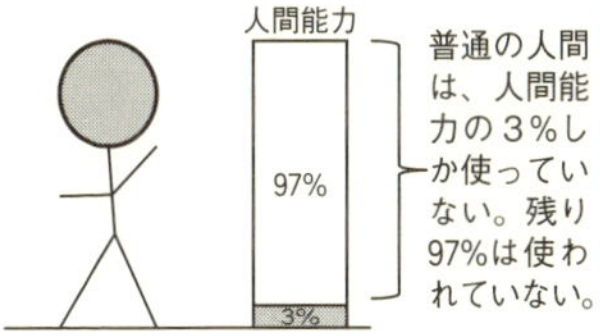

天才は示された人類の本来の英知である。

〈人間の悪癖〉
・概念がないと動きがとれない（自然動作ができない）
・本質をはずして思考する
・理念が邪魔をする
・残虐性、共食いの性癖
・利便性の高い利器は人間の保有機能を退化させる

〈人間能力を高めるには？〉
・事物の本質を知るように努力すること
・自然をできる限り重んじるという思考法をとり、人工的な思考行為から離れること
・完全な無思考の状態にして、集中力のみ高まるよう訓練すること（念の力を引き出す）

こと」が大事と言っています。また、完全に無思考の状態にして、集中力のみ高めるように訓練し、念の力を引き出すことが大切とも言います。自然の中での瞑想もいいと言っています。

人間は言語機能があり他の動物より優れているというのが通常の見方ですが、動物たちは言語がなくてもコミュニケーションができる優れた能力をもっていて、人間の方が劣っているとも言っています。個人的には携帯電話やスマホでコミュニケーションをとる現代社会は、退化の道を歩んでいるように思えてなりません。

拙問天答原文

——人間に言語機能があるのは、退化の結果なのか、進化の結果なのか？（1.09.05）

「言語機能は必然としてある。したがって元来備わったものである。言語を明確には持ち合わせぬとみられる動物たちはそれ以上の伝達機能を有している。案外、人間自体としては劣った不便な状態にあるのだ」

——天才とは原人類への回帰現象なのか？　それとも突然変異なのか？　またその存在意義は？（2.02.01）

「天才とは示された人類本来の英知である。これは人間が本来保有する能力の一部であり、人間全てが何かしらの能力を保有しているが、ほとんどが抹殺された状態にあるのだ。天才の出現は人間本来への気付きを与えるためであり、その使命のために天才として出現する。人類が進むべき道を示す目的でもある」

——人間はなぜに自然界に備わっている英知がないのか？（2.05.16）

「元来人間はその英知を保有しているのであるが、わざわざつぶしてしまうような振る舞いをしているのだ」

――それでは人間自身が気付いていない種々の潜在能力があるのか？　それならそれを開花させる法はないのか？（2.05.17）

「潜在能力もいろいろあるが、まずそれらを知ろうともしないためにその方法も見つからないのだ」

――人間は利便性の高い道具を利用することによって人間自体どのような影響を受けることになるのか？（2.07.01）

「人体機能の一部を代用させるような道具や利器の利用はしだいにその保有機能を退化させる結果を出す。ただし、在来機能を補強させるような心がけであればこの限りではない。要はそれを使用する人間の心がけしだいということだ」

――元来人間が保有する機能は人間が考案し実用化する機器と同等性能を発揮するのか？（2.07.02）

「利器として考案された方が人間保有機能よりもよい。しかし、これに頼り過ぎて退化現象が顕著となり、またもとの素元状態に戻るという文明の繰り返しのいわゆる回転の法則が働くことになる。利器文明の盛衰サイクルのスパンが長いほど良好状態といえるが、いずれにしても空転状態であり、前進がみられなかった。これからは軸を保有した状態にして前進していく文明でなければいけない」

——人間の環境適応力には自ずと限界点が設けてあるのか？　それとも時間制約を外せば無制限なのか？（2.07.03）

「適応力の制限はある。もちろん適応の範囲も地球の圏内であり、宇宙圏には及んでいない。ただし、ある意味での他の意識体と融合すればこの制限は解除される」

——人間は将来は自己矯正の能力を保有することは可能となるのだろうか？（2.08.03）

「今後、今までたどってきた退化の道を戻って、旧レベルに到達した時点で、自然に矯正能力として補正されることだろう」

——現人類は本質を外して思考する癖を有しているのか？　それとも努力が足りないのか？（2.08.04）

「本質を外して思考する癖があるのだ」

——人間に対して惑わす者の存在はあるのか？（2.09.09）

「一番の存在は理念である。自己想念であり、他者想念である。もちろん他にも独自の存在者もいる」
——人間の思いというものは、周囲に伝播していくものであるのか？（2.09.11）
「同じ思いをいだいている者同士を引き寄せる現象は起こす。したがって、思いの同調化が発生するのである」
——人間の残虐性はどこから来るのか？　何が原因要素であるのか？（3.01.03）
「これが人間の本質であり、むしろ誇示事項なのだ」
——人類は本来から食人の性癖があるのか？（3.10.14）
「共食いの性癖はある」
——人類が原点回帰するための知性を正しく機能させるためにはいかなる訓練が必要か？（3.07.09）
「自然をできるだけ重んじるという思考法とし、人工的な思考行為から離れるよう努力することだ」
——想像力を強化するにはいかなる方法があるか？（3.07.10）
「まず既存の情報をできる限り思いから排除し、完全なる無意識状態にすることだ。

エネルギーの良好なる場所を選んで瞑想するもよし」
——人類が古世へ回帰するためにはいかにすればよいか？（3.07.11）
「事物の本質を知るように努力することである」
——念の力は訓練して強化することは可能であるのか？（3.07.12）
「可能である。完全な無思考の状態にして、集中力のみ高まるよう訓練することである」
——人間は本来飛行機能を有しているのか？（3.10.15）
「飛行機能はないが、浮揚の機能はある」
——人間が考え出す利器の機能は本来人間が保有しているものか？（3.10.16）
「全てではないが、一部機能している。想念の領域や潜在意識の領域に保有されている。これらを機能させるのは訓練しだいである」
——人間はなぜ真理を追究したがるのか？（4.04.02）
「行動を起こすために必要な理論を構築するために探究したがるのだ。しょせん人間は概念がないと動きがとれない代物なのだ。自然動作ができない人間の性癖である」

15. 生き方（その1）

人間が生きていくための心のよりどころは何か？　との問いに「前方を観て来世の喜び慈しみ寿宝のみ開かれんことを願念して生きよ」と答えています。地上生活における地位、名誉、財力等を獲得せんとする努力は、来世のエーテル体向上には役立たないと喝破しています。地上における成功者、不成功者は時系列の過程における一現象にすぎず、成功者という概念自体が間違いであるとしています。人間行為にとって価値があるのは輝く魂心をもつことであるとします。輝く魂心をもつためには、まず本来の人間であること、自然に生きていくことを心がけることが大事です。

安楽、快楽、贅沢《ぜいたく》、放漫、怠惰を続けることは、魂心体には直接の影響はないようですが、シーダのパイプを細くすることになり、全てにおいて全く鈍重化していくという言い方をしています。

人間は愚かであると自覚して生きた方がよいとします。自分が真理への正しい方向に向かっているかどうかについては、そのようなことを気にせず、前進するのみだと

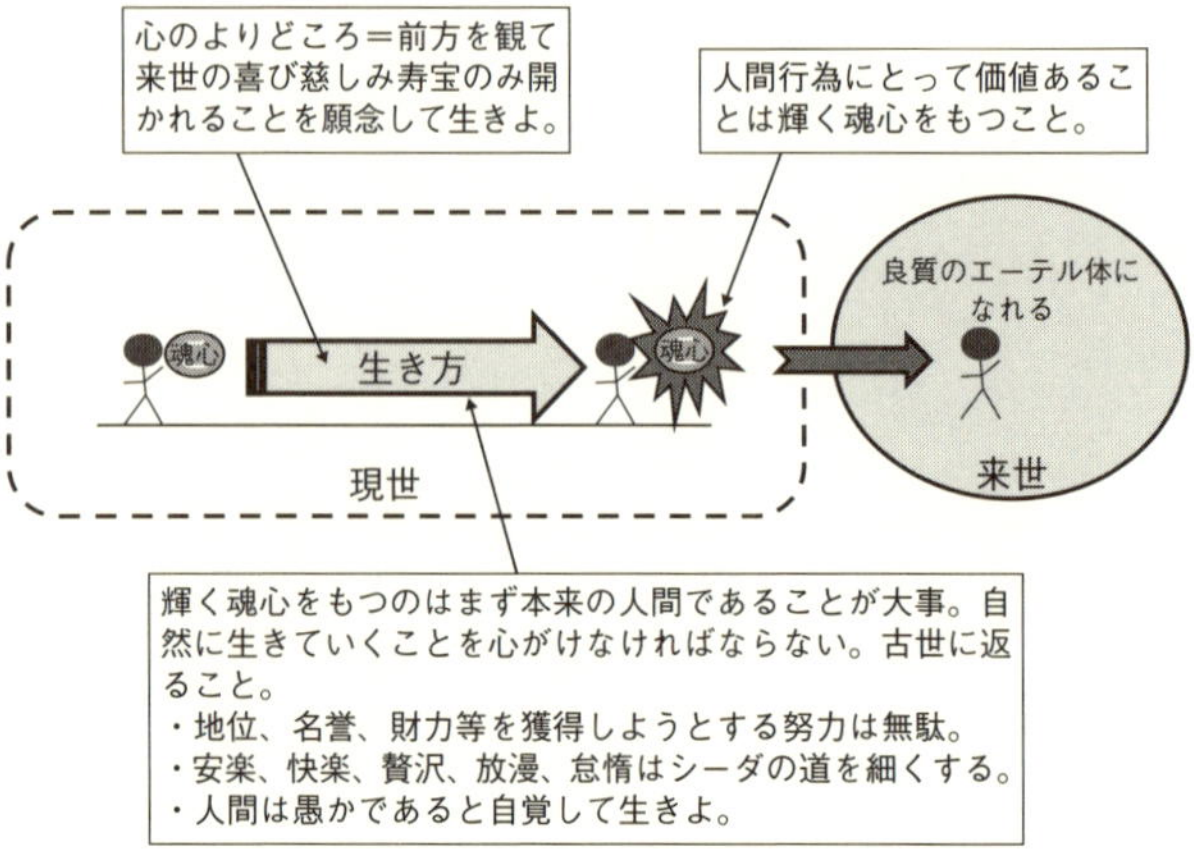

言っています。困難、ダメージ、挫折を受けたとしても、それはその方向の真理に対する性質を現したものであろうし、もっと上位にいくための抵抗かもしれません。精進を重ねることに謙虚になっていけば、真理に近づいていけるのです。己が最高を極めたと自負し、精進を怠り増長したときに堕落が始まるのです。

人間が幸福を追求するのは、基本的には間違いであり、宇宙の基本波長である必波に同調するのが真の幸福状態であると言います。人間のユートピア（理想郷）という考え方はしょせん、人間の考える範囲内のもので、程度は低いものであるとも言っています。

拙問天答原文

――幸福追求は間違いか？（0.08.07）

「基本的には間違いである。理由……幸福の定義は必波なり。必波は宇宙の基本波長。これに同調するのが真の幸福状態」

――人間は何を心のよりどころとして生きていけばよいのか？（0.09.04）

「前方を観て来世の喜び慈しみ寿宝のみ開かれることを願念して生きよ。喜びの質とは緑心道なり。緑とは開かれる心信祈寿なり」

――人間行為にとって何が価値あることであるのか？（0.09.05）

「輝く魂心をもつことである」

――輝く魂心をもつには、人間はいかに生きていけばよいのか？（2.03.22）

「まず本来の人間であること。自然に生きていくことを心がけなければならない。古世に戻れるように努力せよ」

――世を回すのに欲望エネルギーは必須であるのか？（0.09.09）

「欲望エネルギーと見えるものは擬態である。本来は光が原動力となっている。光の組み合わせであり、それによって世が変化していくのだ」
――人間は元来心身ともに快適な生涯を送ることは許されないのか？（1.03.14）
「許される。ただし許される人のみ許される。有徳の人。つまり徳心業成ができた人のみ許される」
――人間は努力しなければ必ず堕落していくものなのか？（1.06.13）
「努力という行為を全てにおいて怠ればその部分において動けなくなっていくだけだ。ついに活動不能となる」
――ユートピア（理想郷）という考え方は間違いなのか？（1.08.05）
「通常の意味合いにおいては、人間の考えの範囲内のものであり程度は低い。実際は人間が悟った状態になったときに出現する」
――自分の立場が真理への途上にあるのか、または反進しているのか、それているのかを判断する基準を問う。（1.09.18）
「進むこと。とにかく進むことだ。行為することによって、困難、ダメージ、挫折を受けたとしても、それはその方向の真理に対する性質を現したものであろうし、またもっと上位にいくための抵抗かもしれない。なんらかの回答と成果の連続として受け取り、とにかくそこで満足してとどまらず、とにかく進むことである。己は最高を極めたと自負し、以降精進を怠り増長になったときに堕落が始まる。そして、また振り出しに戻ることになる。精進を重ねることに謙虚になっていけば真理に近づいていけるということだ」

――地上生活における地位、名誉、財力等を獲得せんとする努力は来世のエーテル体向上に役立つか？（1.12.06）

「全く役立つことはない。このような努力は物事の展開を小さくし人生目的の方向性を喪失するもとになる」

――安楽、快楽、贅沢、放漫、怠惰を続けると魂心体に影響を受けることになるのか？（1.12.07）

「身体には影響を受けないが、シーダのパイプを細くしてしまうことになる。したがって全く鈍重化してくる」

――地上生活における成功者と称されるものは、宇宙法則に合致した成果であるのか？

(1.12.08)

「全く関係はないし、法則に適合するなどありえないことである」

――真の成功者とはいかなる状態の人間を指すのか？(1.12.09)

「成功、不成功と観るは時系列の過程における一現象にすぎず、成功者という概念自体が間違いである」

――人間は本来自分が愚かであることを自覚して生きた方がよいのか？ それともすばらしい存在と信じた方がよいのか？(1.08.09)

「愚かであると自覚して生きた方がよい。自覚することによって本当の進歩を得ることができる。全ての元凶は人間が最高という誤解と思い上がりからである」

――人間愚性の状態を多少なりとも補填するために反省して改善せんとする努力は必要か？(3.03.01)

「一時的な改善状態には至るが、長期間維持できるかどうかが問題であり、また同様の繰り返しとなるゆえ、あまり意味がないことになる。しかし、反省せざるをえないことだが、そのとおりにはなかなかなりがたし」

——人間は愚かさの流れに乗っておればそれなりに安穏な人生を送れるのか？（3.03.06）
「ある意味ではそうかもしれない。問題はその愚のレベルがどこにあるかということだ」
——人生に夢を描くことは必要なことか？（4.02.15）
「未来に生きるということでは必要であるが、それは内容にもよる」

16．生き方（その2）

人生の中で、最後に近い老年期が心魂にとっての収穫期であり、大事であるとします。ゆえに死の直前がもっとも貴重な時であるとします。全人生はこのときのために存在しているのです。人生を最後にいたるまで、楽しく愉快に過ごすことは本来の姿であり、人間が勝手につらい状態に自らを追い込んでいくようだと言っています。全てをありがたいことと感謝して、得ることのみという考え方、感じ方を変えればすむことだと言っています。また人生を自然体にて屈託なく生きるように心がけることだとします。

人間が一番大切にしなければいけないことは「命」であるとします。別の言い方だと生きること、つまり種の保存が大事ともいいます。もちろん守るための行為、経過は問われます。

人間の生存期間（つまり寿命）は定められているのであり、生命エネルギーは常に100パーセント供給されています。生命力が多いとか少ないとかは、各自の自己管

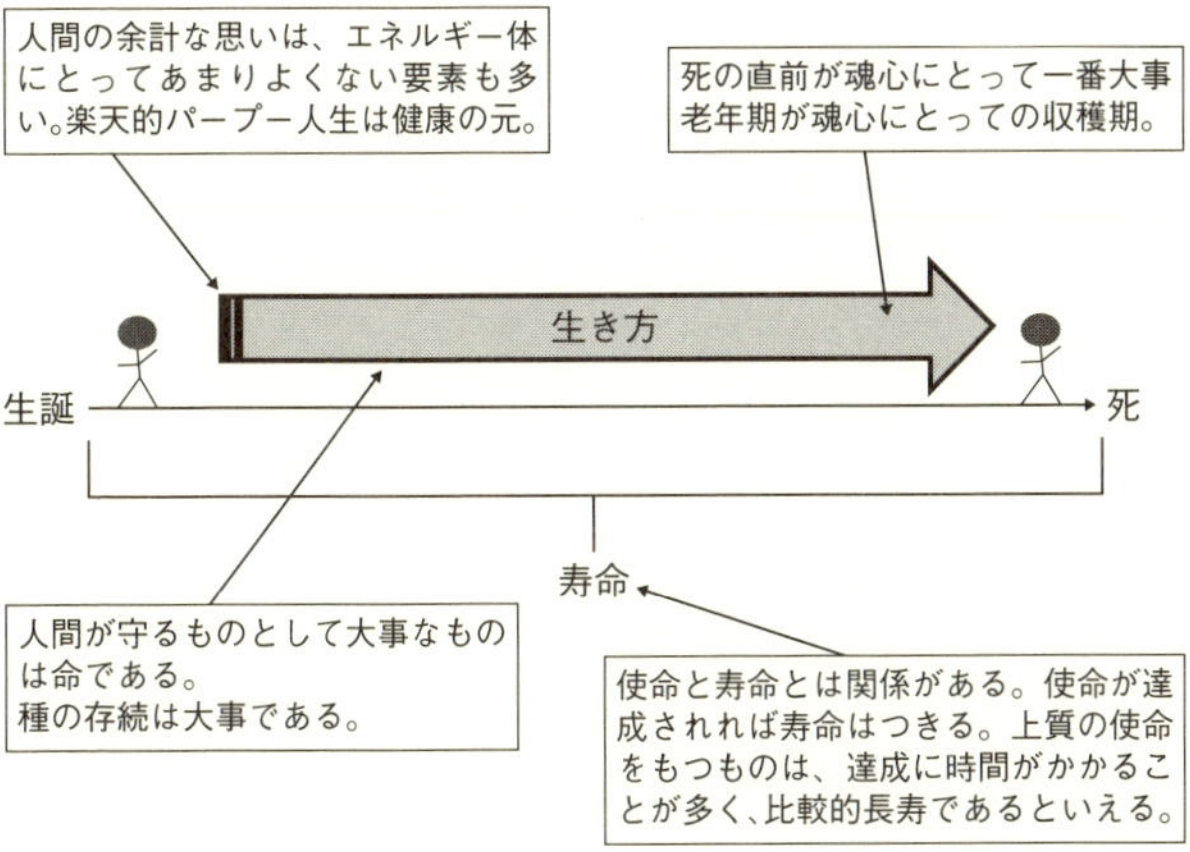

理とされており、供給弁を自己調整している状態なのです。人間の余計な思いは生命エネルギー体にとって不要な場合が多く、楽天的なパープー人生が健康の元なのです。

人間の寿命と使命とは関係があります。使命がまっとうされれば、寿命はつきます。使命の質が高いと、使命遂行のための準備期間が比較的かかるために、一般的に長寿になる傾向があるようです。

拙問天答原文

――人生を最終にいたるまで楽しく愉快に過ごしてはいけないようになっているのか？(1.08.15)

「全くそのように過ごすべきものだ。人間が勝手につらい状態に自ら追い込んでいくようだ。全てをありがたきことと感謝し、得ることのみという考え方、感じ方を変えればすむことだ」

――人間が命をかけて守るべきものというのはあるのか？(1.11.07)

「ある。それは命である。ただし守るための行為、経過は問われる」

――聖人とか君主といわれる人間の結末が大方悲惨なのはいかなることか？(1.12.10)

「その者の周囲の人間性が愚性によってなさしめているのである」

――人間は己の人生をどのように配分して生きていけばよいのか？　おのおの勝手気ままにやっていけばよいのか？(2.10.08)

「各自おのおのにふさわしい状況に環境レベルが設定されており、自己の使命が果たされるようになっているので、そこで努力するかしないかは、自分自身の問題となる。

人生で一番大切な時期は終期に近い老年期であり、このときが心魂に対する収穫期である。ゆえに全人生はこのときのために存在している。死の直前がもっとも貴重な時となっているのである」

――人間は本来何に対して生きる希望をもてばよいのか？（2.11.05）

「思いに対してもつことだ。つまり、思うことができるということの大切さである。思考の現実化である。創造活動に対して人間は希望をもたなければならない」

――人間の生命エネルギー量というのは、生涯の持ち量が各自定められていることであるのか？（2.11.12）

「生存期間（つまり寿命）が定められているのであり、生命エネルギーは常に100パーセント供給されているのである。生命力が多いとか少ないとかは各自の自己管理とされており、思考習慣によって供給弁を自己調整している状態なのだ。人間余計な思いは生命エネルギーにとっては不要な場合が多く、楽天的パープー人生が健康の元といえる」

――人間には努力して頑張るべき目的というものがあるのか？（3.01.10）

「生きるということである」

――人間がその一生で地上に残していく業績で、何が一番の価値があるといえるのか？（3.01.15）

「生きること。つまり種の保存」

――人間がある特定行為に対して習慣性を帯びてしまうのはいかなることなのか？（3.03.09）

「いわば必然である。ある波動レベルに引かれて同調化することであり、楽になりたいという気分から派生し、心地よい状態に入っている。虚なる状態であり、無意識状態になれることによるものである」

――全ての世の他人事に関しては、全く自己には関係のないことか？　それとも何らかの関係があるのか？（3.03.13）

「本来全て自分事なのだ」

――人間が良心といわれる尺度によって描き求める理想社会というのは本質的な価値があるということでもないのか？（3.07.14）

「人間の良心というのは、おのおのの時代設定によって変化してくる。ゆえに本質的な価値があるとはいえない」

――人生は楽しく愉快に過ごすべきとの指摘を受けるも、このためには何に心がけて生活すればよいか？（3.08.01）

「人生を自然体にて屈託なく生きるように心がけることである。常に自然を意識して自然に即応し幅広い領域を自然体にて生活していくことである」

――人間は同一環境にて無難に一生を過ごすという生き様は適正とはいえないのか？（3.08.02）

「一応適正といえる。悠々自適にやっていけばよい」

――人生において自ら発意し、その目的を努力して達成したと観えることも結局は全くやらせられていたということか？（3.08.08）

「まあそういうことだ」

――寿命と使命とは関係あるのか？（4.04.06）

「ある面では関係がある」

——使命の質量と寿命の長さは関係あるのか？（4.04.07）

「ある面では関係がある。ただし本使命の完遂が一瞬に実行されるのは、死の直前であるが、そのための準備期間として長い寿命が必要とされることがある。したがって上質量の使命には長寿ということもある」

17. 意識・心

意識や自己・他人の概念についての拙問天答の回答は、そんなことを詮索せずに己をまず受け入れよと返しています。心は必然として存在し、創造と同価値を有していますｃ生命体は全て心を有していますが、その種類、概念は異なっています。植物や動物に比べ、人間の心は下級であり、特に頭脳で考えるほど心の程度は低く愚かな状態になるとしています。

愛は必然としてあり、心の一部を構成しているといいます。愛は心を作るためにあり、心を満たすものだという言い方をしています。心はエーテル体の手段として機能するとも言います。恥の概念は、人間の有する根本機能の一つであり、自然に発露するが、個人差があるとします。自己顕示は、進化に役立つことのない無意味な欲望であるとします。

個性をもった人間が他の個性をもった人間を完全に理解することは不可能であり、人間おのおのは完全な共通概念をもてないように創られているとします。ただし自他

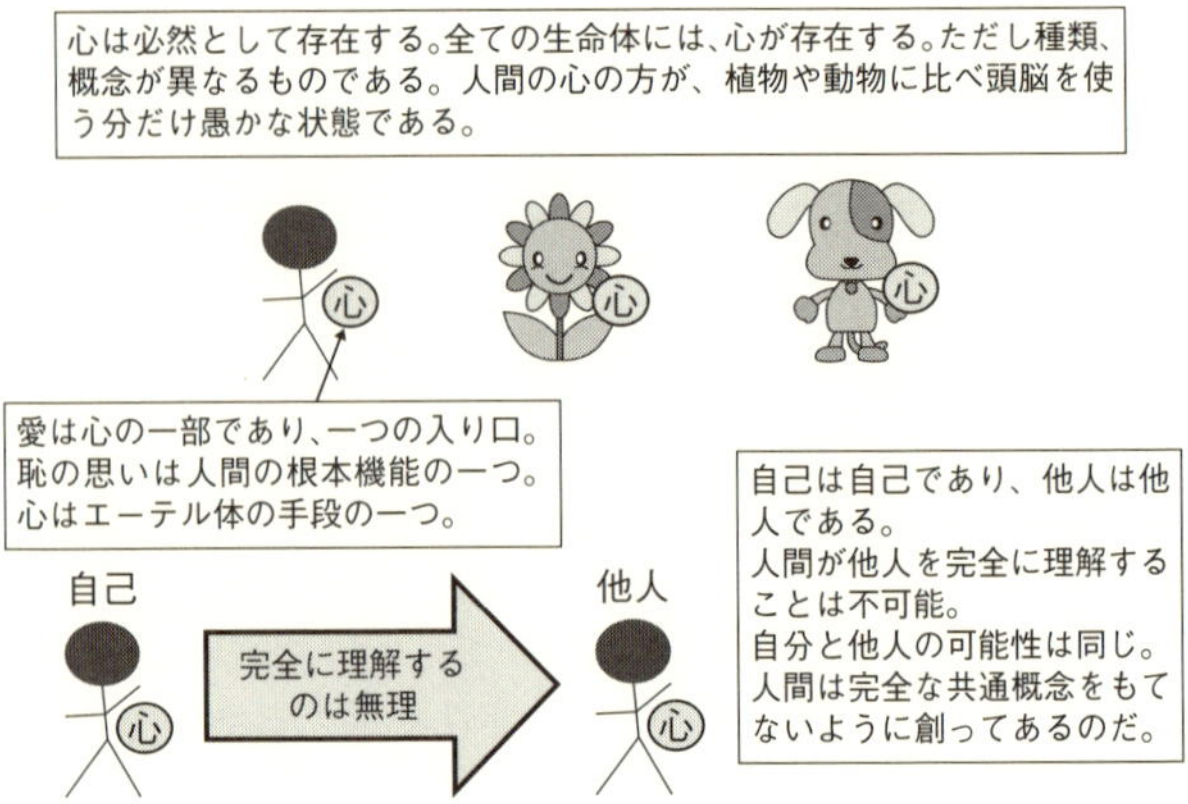
心は必然として存在する。全ての生命体には、心が存在する。ただし種類、概念が異なるものである。人間の心の方が、植物や動物に比べ頭脳を使う分だけ愚かな状態である。
心
心
心
愛は心の一部であり、一つの入り口。恥の思いは人間の根本機能の一つ。心はエーテル体の手段の一つ。
自己は自己であり、他人は他人である。人間が他人を完全に理解することは不可能。自分と他人の可能性は同じ。人間は完全な共通概念をもてないように創ってあるのだ。
自己
心
完全に理解するのは無理
他人
心

は可能性としては、全く同等であるとも言っています。

死への恐怖は、本来は肉体意識の感情であるが、指導神がやらせている場合もあります。死は未来に対して過去が合一することであるので、間（はざま）現象が発生し、心から躊躇《ちゅうちょ》するのだと言っています。

拙問天答原文

――意識とは何か？（0.08.02）

「日光東照宮の三猿を見よ。〈意識など思わず率直な心でまず修行。クリエーターとは意識そのものと見た。佐久間メモ〉」

――心とは何か？（1.07.06）

「必然としてある。創造と同価値を有する。〈世界があるのと同様なことらしい。佐久間メモ〉」

――全ての生命体は心をもっているのか？（1.07.07）

「心はあるが、種類、概念が異なるものである。段階的に分かれる。反応の一種ということもある。想念の総括したものでもある」

――人間の心とはどの程度のものなのか？（1.07.08）

「人間の心とは植物、動物より下級のものである。特に頭脳で考えるほど、心の程度は低く愚かな状態になるといえる」

――念とは何か？（1.07.09）

「縛り、開き、向かう作用なり。創造力に関係し物理作用も有する」
――世界は念で創られているのか？（1.07.10）
「創られてはいない。この人間世界は全てに満たされるように心が働いて進もうとしている様相を呈しているのが現状である」
――愛とは何なのか？（1.07.11）
「必然としてあるものだ。心の一つの入り口としてあり、作用の一つだ」
――人間はなぜ愛が必要なのか？（1.07.12）
「心を作るためである。愛は心を満たすものなのだ」
――恥という概念は人間にとって必要なものなのか？（1.07.13）
「人間の有する根本機能の一つで、自然に発露し個人差を有するものである」
――我《われ》思うゆえに我ありといった古《いにしえ》の哲学者の言は真理か？（1.07.15）
「誤解の言であり、とても波動は低い状態にある」
――自己認識としているものは何か？（1.08.19）
「個体である。生き物である。このようなことを詮索せずに、まず自分を認めたらどうか」

――魂にとって肉体を保有することはいかなる利益があるのか？（1.05.08）

「魂の訓練の意味がある。肉体は魂を保有することによって知るための回路を作ることができる」

――肉体意識は自己訓練しなければならない意識なのか？　それとも魂部を訓練するためのものか？（1.09.02）

「肉体意識は魂とは相関関係にあり、どちらがどちらのためとはいえない。また肉体意識のうちには自念相という自立意識もあり、自動操作が起こることもある」

――心は他世界への入り口といわれるが、そのようなものか？（2.03.08）

「心はエーテル体の手段として機能しており、人間の勝手な思い込みがそうとらえているにすぎない」

――死の恐怖は肉体意識がもつのか？　それとも心魂がもつのか？（2.11.14）

「本来は肉体意識の感情である。この他に指導神がやらせる場合もあり、本来のものを芽生えさせるための思考が現れ、現用思考との一種の葛藤状態へ陥ることにもよる。

未来に対して過去が合一することであるので、この間（はざま）現象が発生し、心から躊躇するのである」
――自己顕示欲の根源は何か？（3.02.08）
「進化に役立つことのない全く無意味な欲望であり、顕示行為は牽制のためではあるが、人間の愚かさを現している」
――個性をもった人間が他の個性をもった人間を本当の意味で理解することは可能なのか？（3.05.20）
「不可能である」
――自己を他者と区分しているものは何か？（3.06.16）
「自己は自己、他者は他者である。自他の区別にとらわれるようなことはどうでもよいことであり、これに注目するなどは人間の愚かさの発想である。自他一体などというも言葉の遊びであり、自と他の可能性は全く同等であるの意である」
――人間おのおの完全な共通概念をもてないのは、何か理由があるのか？　それともそうしてあるのか？（1.06.10）

「あえてそうしてあるのだ。〈したがって完全に理解し合えるなどというのは不可能。佐久間メモ〉」

18. 感情

喜怒哀楽を感じている主体は「光」「光の命寿」です。感情は念の作用であり、念儀ともいいます。疑念の集合したものです。感情現象は心の呼吸でもあります。喜びも苦しみも必要要素であり、生活することにおいて必然として生じます。これをどうとらえるかは人間側の問題です。

喜びは感性の思考の発達により得られる作用であり、肉体的、精神的両面から得られるものです。憎悪は碑廟勢力の拡張現象であり、昇華のためともいえますが、状態としては次元の問題であり、未訓練の状態であると説明します。恐怖は、不浄を払う気付きを起こすことであり、浄化作用の一つです。したがって、生命力の防衛作用ともなっていますが、悪用されたり、過剰になることによって拘束状態に陥ることもあります。悲しみの感情は浄化作用を有していますが、半面、楽しみの要素にもなっています。物欲は肉体人間にとっては不要素であり、物欲は戒めの状態へといたるように導かれて、最後は苦しみの状態となり懺悔にいたると説明します。

喜怒哀楽を感じている本体＝光、光の命寿。
感情をもつ目的＝感情の念の作用、念儀（疑念の集合体）
感情現象は心の呼吸である。

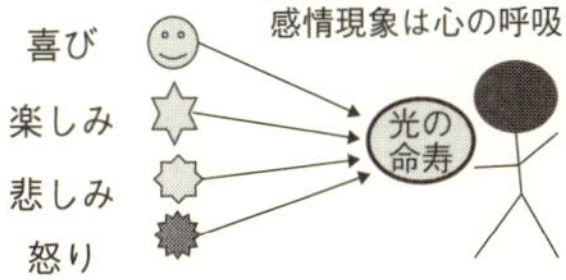

喜び＝感性の思考の発達により得られる作用
憎悪＝碑廟勢力の拡張現象
悲しみ＝浄化作用 楽しみの要素の元
恐怖＝浄化作用の一つ、生命力の防衛作用
欲望の肥大化＝人間のもつ性
物欲＝肉体人間にとって不要素なり

憎悪や遺恨破壊願望の想念エネルギーは集合体を形成し、人間の想念に影響を与える。反対エネルギーで中和する方法もあるが、量的に難しい。人間の思考が根本的に変わらなければまず消去は不可能。

人間のもつ憎悪や遺恨、破壊願望の思想エネルギーは集合体となり、人間の想念に影響を与えるようになります。反対エネルギーで中和する方法もありますが量的確保が困難で難しいとします。人間の思考が根本から変わらなければまず消去は不可能です。

自己存在に感謝したり、幸福感を抱くのは人間のみであり、他の動物にそのようなものはいません。

人間は常に人間中心の確認行為を行うため、自己意識からこのような感情が生まれるのです。

拙問天答原文

——喜怒哀楽を感じている本体は何か？（0.11.08）

「光である。光の命寿というものである」

——憎悪はなぜ発生するのか？（0.12.03）

「碑廟勢力の拡張現象である」

——物欲は肉体人間にとって必須の要素なのか？（0.12.04）

「全くその逆である。不要素なり。物欲を起こさせるのは最終にて戒めの状態へと至るよう導かれる。最後には苦しみの状態になり、懺悔へ至り、魂浄化へのスタート点となりうるからだ」

——本来人間存在というのは、喜びなのか苦しみなのか？（1.01.06）

「喜びも苦しみも必要要素であり、生活することにおいて必然として生ず。これをどうとらえるかは、人間側の問題範囲といえる」

——憎しみの感情というのは、必要なる感情としてあるのか？　それとも何か別の状態に昇華していくための感情のエネルギーなのか？（1.09.03）

「昇華のためともいえるが、状態としては次元レベルの問題であり、未訓練の状態なのである」

――人間の有する恐怖の感情は何の意義をもっているのか？（1.12.05）

「ある意味において不浄を払う気付きを起こすことであり、浄化作用の一つである。したがって生命力の防衛作用ともなっているが、悪用されたり過剰によって拘束状態に陥ることとなる。必要素ではあるが、もろ刃の剣の危うさを有している」

――喜怒哀楽の感情のうち、どの順序にて活性錬磨していけば、人間として適切といえるのか？（1.12.23）

「人間の使命がおのおの異なるごとく、個人によって感情活用法は異なる」

――感情の存在目的は何か？（2.02.12）

「感情の念の作用であり、念儀というものだ。疑念の集結したものである。感情現象は心の呼吸である」

――人間の欲する憎悪や遺恨、破壊願望の思念エネルギーは集合体となるか？（2.07.08）

「集合体を形成する」

——もし集合体となった場合、その作用を受けることになるのか？　また消去法というのはあるか？（2.07.09）

「人間の想念に影響を与える。同調させられるし、拡大作用もする。人間の思考が根本的に変わらなければまず消去は不可能である。反対レベルの想念エネルギーで中和する方法もあるが、量的確保が困難である。人間界の存在次元が関係してくるが、現在、６次元の影響も出始めており、解決は案外早いかもしれない」

——人間は喜びの要素を五感から受けるものを主体とすべきか？　それとも精神的なものから受けることを主体とすべきか？（2.11.01）

「喜びは感性の思考の発達により得られる同行であり、肉体的、精神的両面より得るものである。感情思考の作用により得ているのが喜びである。感情思考とは、調和作用である」

——美とはいかなる状態を指し示すのか？（2.12.03）

「不変（遍満）の自然である。すなわち今にいたる全てを表す。美は人により、見方によって変わってくるもので、ダイヤのカッティングにおける角度の違いによる輝きの変化と同様である。各人のとり方によって異なってくるのだ」
――人間が喜びを感じるものは、天の喜びとして同調するものであるのか？　それとも人間独自のものか？（3.02.02）
「ある意味においては、独自のものである。レベルの違いがあるので、宇宙的とはとてもいえないが、神域レベルにおいては同調している部分もある」
――欲望はなぜに肥大化していくのか？（3.03.08）
「人間のもつ性《さが》である最高を求めるという傾向から発生するものである」
――悲しみは人間にとってどのような要素となっているのか？（3.12.07）
「悲しみの感情は浄化作用を有している。ただし、他面悲しみの要素は楽しみの要素ともなっているのだ」
――人間以外の動物で自己存在に感謝したり、また幸福感を感じるものがいるか？（4.04.05）
「他の動物にはそのようなものはない。人間が常に人間中心の確認行為を行うため、この自己意識からこのような感情が生まれることになるのだ」

19. 愛について

意識・心や感情の項にも少し関係しますが、愛に関する拙問天答もあります。愛は普遍であり、深さを有しており、必然であって不変波（光のエネルギー）であるといいます。行為のもとから発せられる「ときめき」（鼓動）であるとも表現します。ただ男女の愛は宇宙的に観れば、構成であり、人間的に観たラブストーリーは生命体の一種の選択行為であり、運命的な絆というものではないと説明します。

愛のエネルギーは常に遍在しており、人間はそれを引き出せばよいのだといいます。人間は元来エネルギーを変換できる能力を有しており、想念力でエネルギー変換できるのだが、それは想念の質によるとします。また食物により愛のエネルギーを摂取することもできるといいます。外観がグロテスクな食物にこの機能を有するものが多いといいます。例えば、カボチャ、芋、ごぼうといった根野菜がそれです。いびつな形体をもったものが温める作用をもっており、愛へのエネルギー変換を助けるようです。

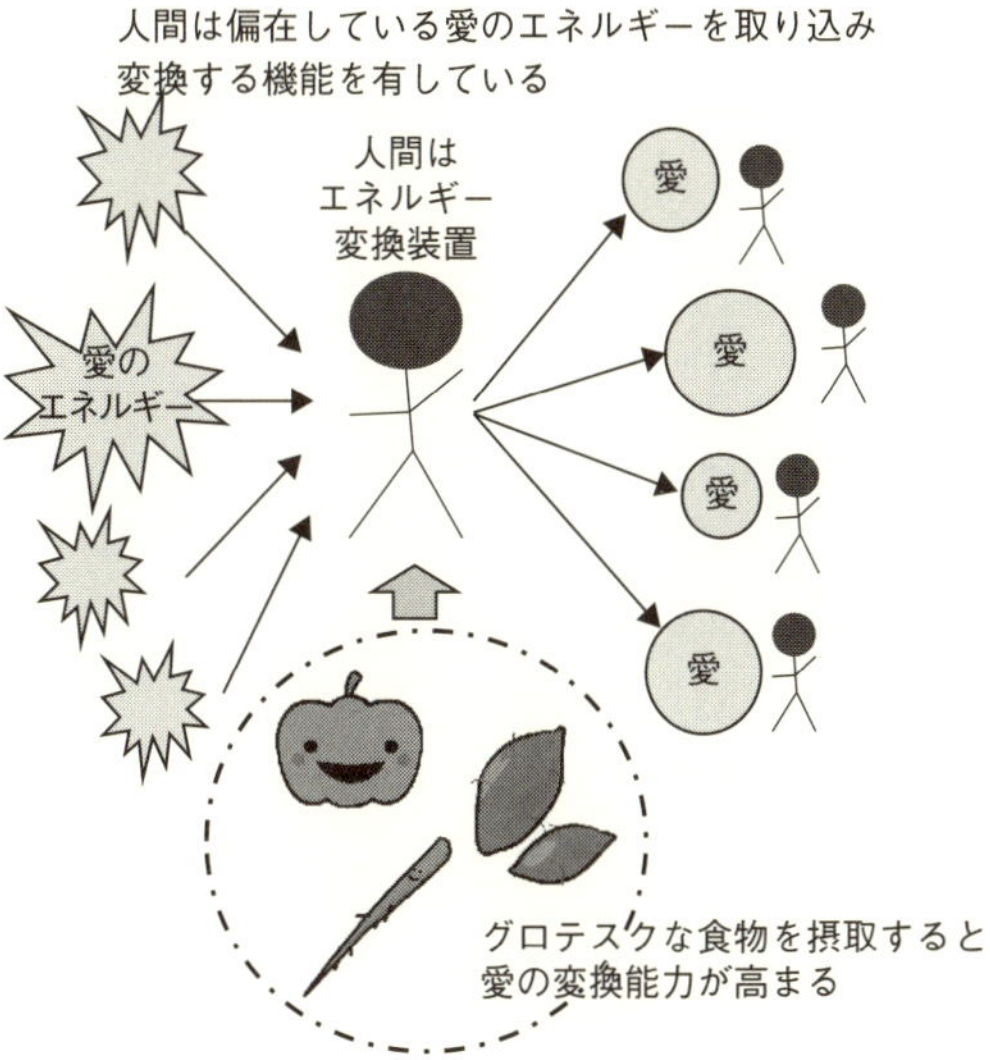
人間は偏在している愛のエネルギーを取り込み
変換する機能を有している
人間は
エネルギー
変換装置
愛の
エネルギー
愛
愛
愛
愛
グロテスクな食物を摂取すると
愛の変換能力が高まる

拙問天答原文

――愛という実態があるのか？　それとも作用なのか？（2.12.02）

「愛は不変（普遍の意あり）であって、質の深さというものを有している。したがって作用ではない。行為のもとから発せられる〝ときめき（鼓動）〟である。すなわち必然であって不変波である。不変波とは光のエネルギーなのである。無から有を編み出し、有または無へと戻る。その繰り返しである。その概念は、愛を記せば愛が生まれ、愛なき者は愛を呼ぶ、いわゆる欲として現れる。愛は高低広狭多種多様にわたる」

――人間はなぜに愛を求めるのか？（2.12.04）

「これは必然である。今を生きているということからきている」

――男女の愛の永遠性というものがあるのか？（2.12.05）

「男女が求め合うというのは、宇宙的に観れば構成である。人間的に観たラブストーリーは生命体の一選択行為であり、運命的絆というものではない」

――愛のエネルギーを蓄積し、適宜に使用できるようなことは可能か？　また食物においても同様な効果を生むものはあるか？（3.03.04）

「愛となるエネルギーは常に遍在しており、特に蓄積の要はない。人間がそれを引き出せばよいのである。人間は元来エネルギー変換のできる装置なのだ。しかし、装置としての人間形成の出来具合によるものではある。想念力で実行するのだが、想念の質によることとなる。次に、食物による愛の摂取であるが、外観がグロテスクなものにこの機能を有するものが多い。例えば、カボチャや芋、ごぼうといった根野菜、他にいびつな形体をもつものがよい。温める作用をもっており、愛へのエネルギー変換の機能を有する」

――人間がおのおのが愛のエネルギーを発散できるようになるには、いかにすればよいのか？（4.05.11）

「人間各自が同感覚というわけではないゆえ、全てが愛を感受することは無理である。受け手としてどうとるかの問題である」

20. 思考方法

人間の思考方法について、拙問天答は「全体や本義を把握するための分析思考方法は全く役立っていない」と言います。フラクタル理論は次元が低く役立たないとし、世界が数理で創られているという考え方は真理から遠いとします。

ただ、思考方法の中では、直感より解析の方が、また帰納手法の方が演繹的手法より、もっと真理に近づく可能性があるとしています。デジタル的思考法やアナログ的思考法の結果は同じとします。直感やアナログ思考を重要視するかと思ったら意外な回答だなという印象です。

正義と悪、条理と不条理、罪の概念、抽象と具象の概念は、人間のご都合主義の尺度であり、時代や状況により動くものであるとします。全ては必然から起きているということを理解しなさいと言います。偶然という概念は存在しないのだと念を押します。ただ、正義と悪、条理と不条理、罪の概念は、人間社会における一つのメリハリのような役割を果たしており、必要悪でもあるという言い方をします。

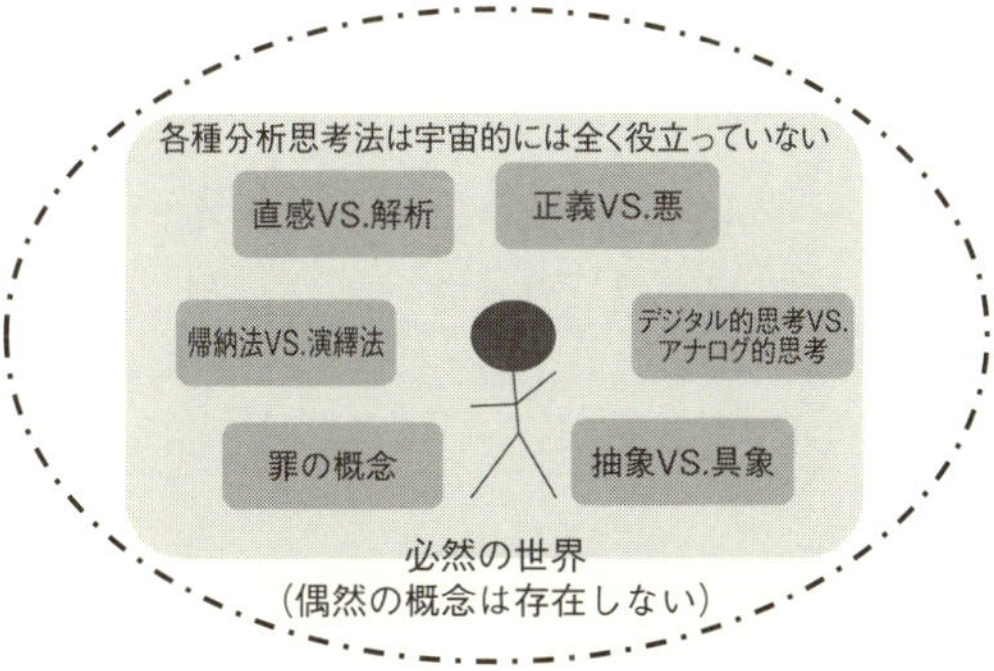

正邪を決めたがるのは人間の性
条理・不条理、罪の概念は人間のご都合主義
→人間世界のメリハリとして役立っている。必要悪

直感と解析は解析の方が真理に近い
帰納法的思考法が演繹的思考法より真理に向かえる可能性は大きい
アナログ的思考もデジタル的思考法も差はない
抽象とか具象の概念も人間の尺度

真理を見極めることが宇宙的な見方をすることと同義とすると、宇宙的思考（真理追究思考）と人間的思考は、おのおの両者は本質的に異なっており、宇宙的に観れば、人間的思考は全く人間のご都合主義になっていると説明します。

しかし人間は、その願望の根底には、宇宙的思考をめざして真理を見極めたいとの思いがあると解説します。

拙問天答原文

——偶然という概念は存在するか？（1.02.10）

「実在しない。人間の概念である」

——全体や本義を把握するための分析思考方法は役立つのか？（1.02.14）

「全く役に立っていない」

——直感と解析とはどちらが真理に近づけるか？（1.02.15）

「解析の方である。物事を認識するということである」

——フラクタル理論という自然の類似性を解き明かそうとする理論は真理の研究に役立つものか？（1.02.16）

「分析の範疇《はんちゅう》であり、次元が低く役には立たない」

——世界は数理で創られているのか？（1.02.17）

「一部それらしきものが3パーセントぐらい含まれているが、ほとんど違う要因である」

——世界を解析する尺度は何を基準にすればよいのか？（1.02.18）

「見えない世界を軸にとらえて行うべきである。信の世界を裁量する時が来たのだ」
――抽象とは何か？　具象とは何か？（1.02.07）
「両方とも人間の尺度である」
――正義とは何か？（1.03.09）
「正邪を決めつけていくのが人間の性である。性事《さがごと》であるが良かれしと思いて正義が成り立ち、時に依《よ》っては愚とも化す。正義の本質をよく考えられたし。全てのものの考えは必然から起きているため、正義とみなすれば正義にもなるが、愚とみなすれば愚にも発展しうるため、本質が失われれば全てが変わる。良かれがよしとなるならば良い愚とはどのように考えればよいかは不明である」
――悪とは何か？（1.03.10）
「知られざる御剣である。悪践儀である。〈御剣＝何かの関連性を切るものの意味か？〉」
――現人類の二大思考法として、演繹法と帰納法とではどちらが真理に向かえる可能性が大きいか？（2.01.07）
「帰納法が可能性が大きい。この思考法のある部分には将来においても継続可能性を有している」

――数理による解析法は役立つことができるのか？（2.01.08）

「現人類においては役立っているようであるが、段々と難解ゾーンに入ってくるので、ついには不可解に陥ることとなる。入り組みが多くなって方向性を見失い大枠が消滅してしまうことになるだろう」

――人間が条理、不条理と考えている事物は本来そのようなものか？（2.10.01）

「人間にとってその時代性や時点で都合の良い方にとっている。人間のレベルによるものであり、角度を変えて観れば本義とは関係のないものである。人間の原点思考の原理である」

――不条理と思われることが展開していく根本理由は何か？（2.10.02）

「必然である。もし不条理と見られるものを原点とすれば、条理とされるものは悪となる。善悪の条理は人間社会に対する一つのメリハリとしての役割はあるのだ。したがって必要悪ということもある」

――罪という概念は人間が決めたものか？　それとも真理なのか？（2.10.06）

「そのどちらでもない。本来そのようなものはないのである。事物に対するとらえ方の尺度の違いから発生していることなのだ。立場の違いや時代性にもよる。宇宙思考と人間思考はおのおの両者本質的に異なっており、宇宙から観れば全く人間のご都合主義となっている。しかし人間の願望にはその根底に宇宙になりたいという思いがある」

――肉体は思考することができるのか？（2.12.06）

「肉体自体が思考することはできる」

――アナログ的思考とデジタル的思考とはどちらに展開性があるのか？（3.11.04）

「アナログ的思考もデジタル的思考も結果的には同様となるため、どちらに展開性があるとはいえない」

21. 社会（その1）

国と国民の関係は母と子の関係と同じです。今後国家群は統一の方向に向かって大きくなっていくが、純（純粋、統治の形とか行く道）を求めていくと説明します。また統一が進むにつれ、民族一同（同居調和）の状態になっていくといいます。コミュニケーション方法については上意下達方式と協議会型の円卓方式があるが、理想的には円卓方式に向かっていくだろうとします。

理想の統治システムは、統治者がいなくなり、数珠並びのように全並びの状態になっており、その数珠集団が、また数珠がつながってまたその大集団の数珠がつながるという拡大構成された社会構造体であると言います。

現在の世界のリーダーは思考基盤が他を制御せんとするコントロール思考により行動しているところが誤りであると喝破します。

宇宙的見地から観た人間社会の理想状態とは、サンゴ虫が形成するポリープ体のような社会状態をよしとします。つまり、どこを切っても自立更正できる社会体であり、

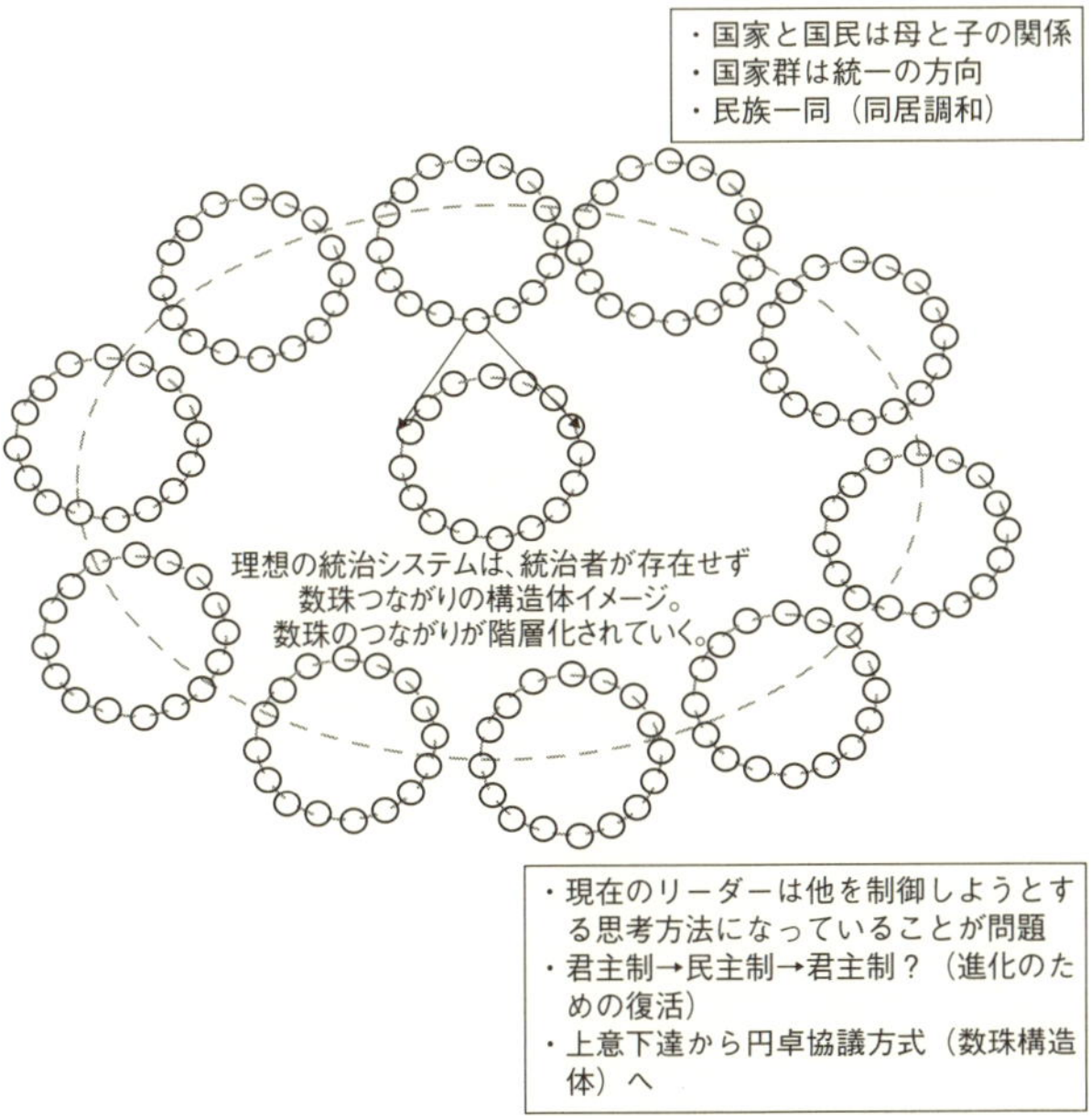
・国家と国民は母と子の関係
・国家群は統一の方向
・民族一同（同居調和）
理想の統治システムは、統治者が存在せず
数珠つながりの構造体イメージ。
数珠のつながりが階層化されていく。
・現在のリーダーは他を制御しようとする思考方法になっていることが問題
・君主制→民主制→君主制？（進化のための復活）
・上意下達から円卓協議方式（数珠構造体）へ

集合調和体だからです。

ちなみに国連は人間社会の制御に有効なるシステムかの問いに、国連に対する人間のとらえ方しだいと言いながら、国連機能が完全に働いたとしても人類社会の理想状態にはならないとします。

現人類はこのままいけば核爆弾を投げ合うところまではいかないだろうと言っていますが、その理由は何か突発的な事情で社会的大改革が発生するためであろうと説明します。

拙問天答原文

――国家は今後どうなっていくのか？（0.10.18）

「存在はするが形式は変わっていくだろう」

――統治のシステムはどうなっていくのか？（0.10.19）

「統治者というのはなくなり、数珠並びのように全並び状態になっていくだろう。その数珠集団がまた数珠つながりになってまたその大集団が数珠つながりになるように拡大構成される社会構造体となっていくだろう」

――地球世界における国家は今後どのようになっていくのか？　民族はどうなっていくのか？（0.12.11）

「国家の意味を知るべし。国家と国民は母と子の関係と同様である。今後国家群は統一へと向かって大きくなっていくが、純というものを求めていくだろう。純とは純粋（性）とか統治の形（体）とか行く道（方向性）を表すものなり。民族としては残るが、分離存続等において無意味なることは減少していき、民族一同（同居調和）の形態となる」

――元来人間社会は共存共栄体系なのか？　それとも競争原理の自然淘汰《とうた》体系なのか？（1.01.14）

「両方の体系をミックスしている」

――一人は万人のため万人は一人のために成り立つのか？（1.06.06）

「成り立たない。本質は一人一人が大切な存在であるゆえ、これが積み重なって万人が大切というところへ到達させていかなければならないことである。現人類におけるルールの定義は間違っている。すなわち、ルールの定義は必（必要）からなる行いである。根本的な人間分析（解析）を行ってのち初めて設定行使されるものなのだ。現在はまだそれ以前の段階であり、レベルが低過ぎる状態であるのだ。今進化と考えていることは退化を意味しているのである。次期尚早なり。あせるべからず。急《せ》いては事を取り違える」

――基本的人権という概念は存在するのか？（2.01.22）

「存在する。したがってどのような未開拓地の人間でも尊厳価値は同等である。おのおのが抱いている価値感の高低はない。真理に照らせば、低級と思われることも相当の実価値を保有していることもある。全て貴賤高低の決めつけは無意味である」
――宇宙的見地から観た人間社会の理想状態とはいかなるものなのか？（2.02.03）
「サンゴ虫が形成するポリープ体のような社会状態をよしとする。つまり、どこを切っても自立更正できる社会体であり集合調和体である」
――現人類はこのまま推移していけばついには核爆弾を投げ合うところまでいくのか？（2.05.02）
「たぶんそこまでいかないだろう。それ以上の何らかの突発事情が発生するためその対処が必要となるからだ。社会的大変革かそのようなものだ」
――国連のような機関は人間社会の制御に有効なるシステムであるのか？　それとも不可能なる意図であり、ほとんど無効なのか？（2.06.05）
「国連に対する人間のとらえ方しだいである。これは人類の願望なのだ」
――もし国連の機能が完全に働くものとしたら、人類社会は理想の状態になるか？（3.08.12）
「ならない」

――上意下達の方式はこれからも継続していく制御方式なのか？　それとも協議されたルール統制がよいのか？（2.06.07）

「これは組織としての枠内の問題であり、伝達の方式としては両方式必要なことだ。統御法として現れるのは力関係の発生によることである。これからの人類の進化によって上下組織から円卓へと移行していき、伝達方式も変化していくのである」

――現世界のリーダーとしての立場にある人間たちの主たる誤れる点はどこにあるのか？（2.06.21）

「全くもってほとんどの指導者の思考基盤が他を制御せんとするコントロール思考により行動しているところに誤りがある」

――現人類が抱いている理想への達成は現状では不可能であるのか？（2.11.03）

「現人類の理想感は統一ということであるが、これは一方向のみで他の選択はないということを意味し、万人が調和するということは不可となり、理想とは程遠い状態となる。この統一願望は人間の不自然を顕著にしている」

――新時代に移行するまでは、過去の状態を通過していくのか？（2.11.04）

「現在までの社会経過を観ると、君主制の欠陥が民主制を生んだということであるが、やはりこれも欠陥を含んでいることもあり、また新しい理念に君主制が復活してくるということでもある。進化のための復活である」

――これからも支配と被支配の関係社会が存在し続けるのか？（3.02.10）

「存在し続けることになるだろう。完全に円社会になるまでは」

――人間が築き上げた国家という形体を必死に維持することは必要なることか？（3.03.02）

「守りという点からすれば必要である。国家の存在は現世情においては必要なシステムである」

22. 社会（その2）

人種はもともと居住地域に適応させるために創られたものです。定住地域からの大移動は事実上不可能なので、現在でも人種差異の意味はあります。人種差別は、これは人間の性であり、また試しでもあります。人類の使用言語が多種にわたっているのは自然勝手に発生したもので、将来統一されるものでもありません。

人間は個性をもっていて、個性は人間存在の意義であり、おのおのの使命も異なっています。したがって個性を認めながら完全に調和することは不可能です。ただし同国人、同族等同じグループとして、それぞれをベースに個性を黙認しながら調和を図ることは可能です。調和ということを第一に考慮しないと闘争の繰り返しにより種が絶滅してしまいます。

臓器移植については否定的です。臓器提供者は魂の離脱となり、臓器受領者は魂の混在となってしまいます。ましてクローン人間やサイボーグの製造は人間の愚かさからくるもので、退化への道につながります。

・人間は個性をもっていて、個性は人間の存在意義であり、おのおのの使命も異なる。
→個性を認めて調和することは不可能。
→同国人、同族、同グループとしてそれぞれをベースに個性を黙認しながら調和をさぐるのが現実的。
・調和ということをまず第一に考慮せぬと闘争の繰り返しにより種の絶滅にいたる。調和は種の保存のための必須項目。

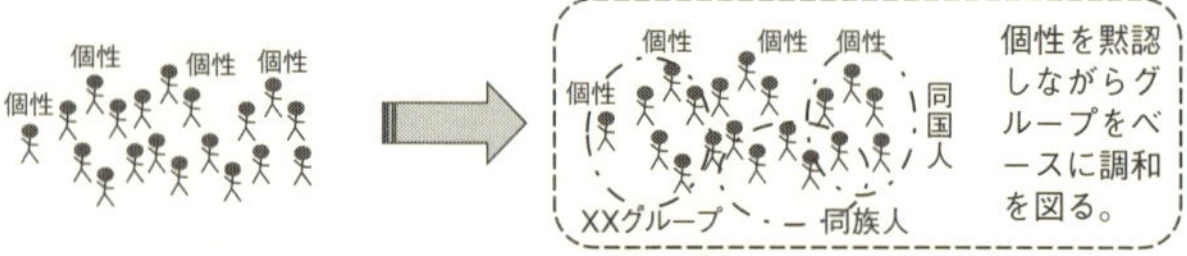

臓器移植は提供者は魂の離脱となり、臓器受領者は魂の混在となる。
ましてクローン人間やサイボーグの製造は人間の愚さからくる。
これらは妥当な考え方ではない。

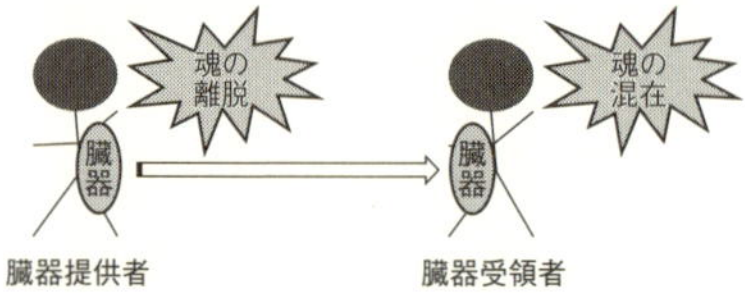

マスメディアというのは本来人類の進んでいる矛先のしるべになり意味があるものですが、現在は平等性がなく偏向しています。

家庭は社会単位というより、教育の場であります。社会構成の前段階ということであって、本来社会は個人と個人がクローズアップされるところです。

拙問天答原文

——人種差別はなぜ発生するのか？（0.10.20）

「これは人間の性であり、また試しでもある」

——人種とは何か？　またなぜ人種が出来たのか？（0.10.21）

「人種としてもともと創られたのだ。これは居住地域に適応させるために種別化したのだ」

——地球上において移動可能な人間が多数に及んできた現在において人種差異の必要性はあるのか？（2.08.10）

「まだ移動可能な人類としては一部の状態であり、定住地域からの大移動が不可能ゆえ、差異は依然として存在することになるのだ」

——人類の使用言語が多種にわたってあるのは何か意味があるのか？　それとも将来は統一言語に向かうのか？（2.08.09）

「特に意味はない。自然勝手に発生してきたのである。また将来統一されるということもない」

――犯罪行為はなぜ発生するのか？　消滅させることは可能なのか？（0.10.22）
「犯罪行為は退化現象である。消滅させることは不可能である。社会全体が進化することによって改善されていく性質のものである」
――学問や芸術分野は発展するのか？（0.10.26）
「発展もするが、淘汰もあり」
――臓器移植は妥当なる行為か？（0.10.30）
「妥当ではない。臓器提供者は魂の離脱となる。臓器受領者は魂の混在となる」
――クローン人間やサイボーグの製造は許されることか？（0.10.31）
「この発想は人間の愚かさからくるものだ。ついには退化への道となるだろう」
――マスメディアというのは人類にとって本当に有効な手段なのか？（0.12.15）
「人類の進んでいる矛先のしるべにはなるのであるが、現在は平等性がなく偏向している。平等性が確保されているのなら、人類にとって有効な手段である」
――人間社会に見られる流行という現象の本質は何か？（2.09.07）
「物事が定着化するためのスタートを意味しているのだ」

――人間社会における基本ルールはまず調和ということが中心となるのか？（2.04.10）
「調和ということをまず第一に考慮せぬと闘争の繰り返しにより、ついには種の絶滅にいたるであろうゆえ、種の保存のための必須項目なのである」
――人間の自由性は無制限なものなのか？（2.04.11）
「状況により自ずと制限されてくる」
――人間に義務項目というのは本来あるのか？（2.04.12）
「人間社会を形成継続させていく過程においてその状況により、派生する」
――お互いに個性を認めて調和する方法などあるのか？（2.04.13）
「そのような方法はない。個性とは人間存在の意義であり、おのおの果たすべき使命ともつながっているものである。同国人であるとか同族であるとか、同グループであるとかで、それぞれをベースにして個性を黙認することができる」
――現人間社会の当初目論見の機能に対して、まともに機能している部分というのは、全体の何パーセントくらいのものか？（2.05.03）
「全体平均して20パーセントぐらい機能している。したがって、80パーセントは改善が必要ということだ」

——人間の社会システムが調和している状態が正常状態であるとして過去正常に維持されたことがあるのか？（2.05.04）

「ある一定期間はあった。しかし、正常であると気付いた段階でこれを崩さんとする動きが起こってくる。つまり権利意識が働き始めるのだ。支配欲の発芽が起こる」

——人間同士は本来信頼すべきものであるのか？　それとも距離を置くべきものであるのか？（2.11.02）

「信頼するか距離を置くかの思いの中には自己への利益、不利益の選択が含まれている場合が多い。したがって、その結果の必然ということであり、選択が決定要因ではない。選択法の適不適は時代レベルによって異なってくるものだ。要は自己が純粋であればこの必要はないということである」

——家庭とは人間社会にとって最小の社会単位といえるのか？（3.01.08）

「家庭とは社会単位ということではなく、教育の場である。社会構成の前段階ということであって、本来社会というのは個人と個人がクローズアップされるところである。

したがって個人における集合体が社会ということである。一般に人間社会という現状は、社会というものの一形態なのである」

23. 生活

拙問天答では、スポーツ、芸能、レジャー、グルメ等の人間への有用性について聞いていますが、人間にとって必要事項であり、今後発展・淘汰していくと答えています。人間の食事については、今後も続いていくが、光の如《ごと》き変化をしてくだろうと予想しています。またユーモアのセンスも人間にとって心を包容するもので、必要事項であるとします。個人的には、もう少し質素な生活、ストイックな生活の志向を期待しているのかと思いきや、楽しみも大事な要素であるとしていることに少し安心したしだいです。

人間の健康維持にとって一番良いことは、心にこだわりをもたず、感情思考を豊かにすることです。いつも自由にのびやか、こだわりなしがいいとします。楽天人生が良いようです。また、人間は自己の体調を自由にコントロールすることは可能であると言います。想念で病が起きることがヒントであると言っていますので、その逆、つまり体調の良い状態と常に思っていれば良い状態が維持できるのではと思います。

・スポーツ、芸能、レジャー、グルメ等は人間にとって必要事項
・ユーモアも必要要素
・食活動も継続 ただし内容が変化
人間

健康維持の最良の方法は、心にこだわりをもたず感情思考を豊かにすることが最良である。いつも自由にのびのびこだわりなしの楽天人生が良い。自己の体調をコントロールするのは可能。

また、道具は人間にとって必要なのかとの問いには、使用するときに利得がある場合は使用されるが、必要がないときは使用されないという禅問答になっています。

所有という概念は、人間が作った概念で、人間は自然を自己の所有物として勝手に奪取しているが、自然と共有をはかるという意味での管理者の役割をきちんと果たすべきだと言います。果たさないと時折自然から反動を受けることになります。

拙問天答原文

――スポーツ、芸術、レジャー、グルメ等は人間にとって有用なりや？（0.10.24）

「必要事項であり、今後も展開していくだろう」

――今後芸能界、スポーツ界というのは、ますます発展する分野か？（0.10.25）

「発展するが淘汰されていくだろう」

――道具は人間にとって将来的にも必要なものか？（0.11.05）

「将来において必要とする人は必要となる。使用する場合に利得が生じるときだ。しかし、必要としない人も出てくる。この場合は使用されない」

――人間の生命維持として食活動は今後も続くか？（0.11.06）

「続いていくだろう。しかし、光のごとき変化をするだろう。内容の変化速度が急速となる」

――遺伝子とは全人格の本体なのか？ それとも表現道具なのか？（1.03.16）

「そのどちらでもない。遺伝子というのはうわべであり、本質への登竜門である」

――盗みが悪事といえないというのはいかなることか？（1.05.14）

「所有というものを決めているから盗みという行為となる。元来、所有という概念は人間の作ったものだ。管理するためのルールは必要である。人類は自然を自己の所有物として勝手に奪取しているが、時折自然から反動を受けることになる。自然と共存をはかるという意味での管理者としての使命を有しているのである」

――エネルギーは無尽蔵なのにどうして欠乏が起きるのか？（1.05.16）

「欠乏など起こっていないのだ。人間の管理利用方法に間違いがあるのだ」

――ひきこもり現象を起こしている魂というのはいかなることなのか？（1.05.17）

「ひとえに怠慢から起こっていることだ。全く自己中心的な傾向にある。それを取り巻く生活環境の問題もある。心のエネルギーが欠乏しているのだ」

――ユーモアとは何か？　人間にとってユーモアは必要か？（1.05.22）

「ユーモアは必要素である。心を包容するものとなるからだ」

――人間にもたらされる全ての情報はそれなりに有意義なのか？（1.06.04）

「そのとおり。有意義で必要なものである。おのおのの個人レベルに対してなされているものであり、ゴシップや与太話であったとしても、それを必要とする人間がいるのだ。高低質の情報をおのおのが設定しているようでいて、その根底はやらされているのにすぎない。全て生かされ、やらされているのだ」

――人間がよく作用を受ける群衆心理とは何か？（1.07.05）

「満足を得るための現象である。心の弱い部分を補足させるためのもので、流れに任せることである。流行心理と同様、弱点現象である」

――人間はなぜ暗示を受けやすいのか？（2.06.13）

「それは人間の本質というものだ。愚性から生じる心の歪《ひず》みなのだ」

――人間は他者を思いやるという機能を定着させ、より強化させるということは資質上不可能なことか？（2.06.19）

「まず『思いやる』という語意は現在誤って使用されており、本来は上の者が下と思われる者に、思いをかけてやるという意味を有しているので、この言霊を行使されることは、個人の尊厳を害することとなるのである。したがって、この意味を表したいのであれば、やらさせていただくとか他者の思いに添う、他者の思いにふれるとなる。この思いを定着させることは可能であり、思考を変えていけばよいことである。全て思考行為の範疇なのである」
――常に健康なる状態に維持していくためには何が一番必要なことか？（2.11.13）
「心にこだわりをもたず感情思考を豊かにすることが最良である。いつも自由にのびのびこだわりなし。楽天人生」
――人間は自己、体調を自由にコントロールすることはできないのか？（2.11.15）
「コントロールの可能性は十分にある。病を想念で起こせることにヒントあり」
――母性本能は実子のみに有効な働きをするものなのか？（4.02.14）
「そのようなものではない。本来は普遍性があるものだ。継子《まま》いじめのようになることは本能からではなく欲望によるものである」

24. 睡眠

睡眠は肉体の休養ではなく、無心状態の活動のためにあるといいます。無心とは生命力の一種であり、生命要素の一つです。したがって、睡眠をとらないと死に至ります。原則、地球上の有機生命体は睡眠が必須ですが、植物は生命維持の変換行為をしているので不要です。純エネルギー体としてのエーテル体や地球外生命体も睡眠は不要です。

睡眠中は、潜在意識が支配し、自己意識はコンピューターのスイッチが切れた状態になっていて、夢を見ます。夢は想念（潜在意識）の延長上の現象で、顕在意識が休止状態であれば自然に現れます。夢の中身については、あまり詮索しない方がよいようです。夢の内容はあまり意味がないと言っています。ただそう言いながらも、超現実的な夢が良いとしていますが、その意味は不明です。

催眠は睡眠と異なり、自己意識が働き、むしろ自己が自発的に行為している状況をいいます。催眠状態になると、潜在意識に入り込んで、時間と逆行して前世にいくこ

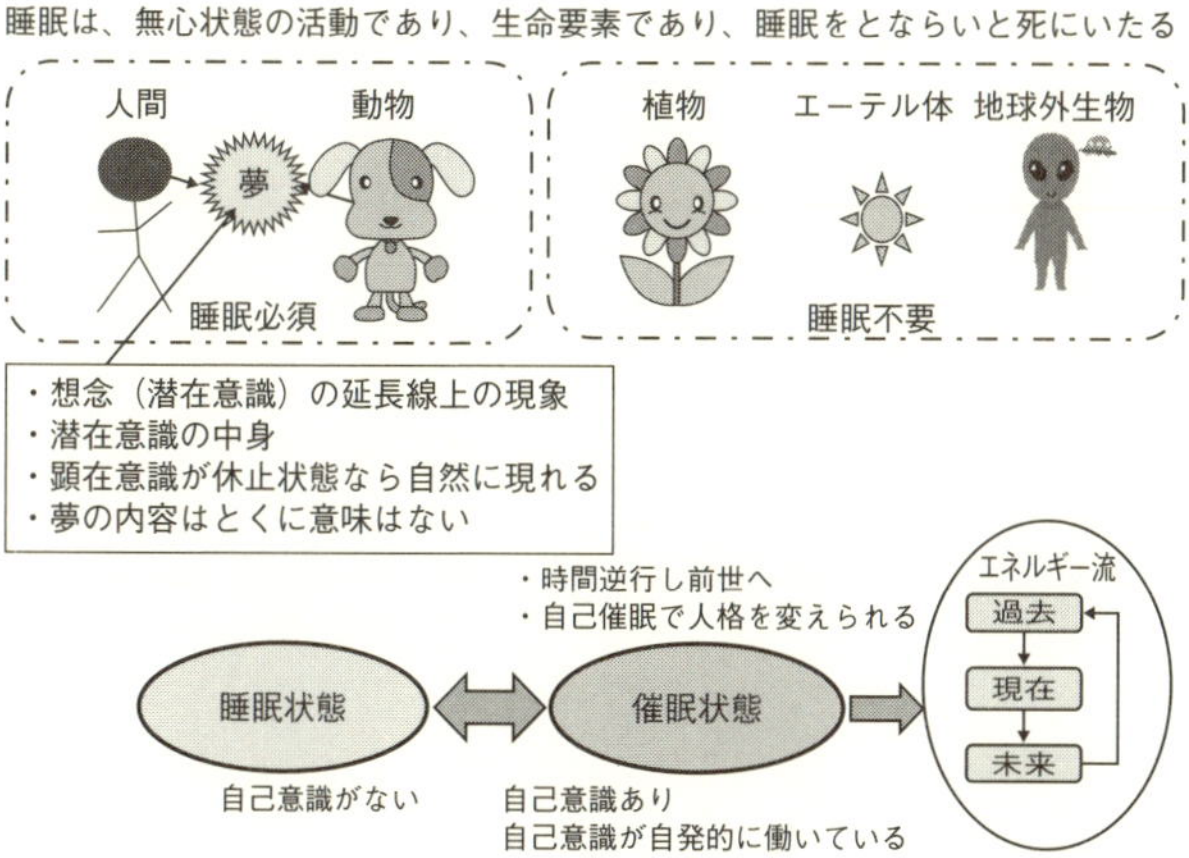

とも可能です。人間を通っているエネルギーは過去、現在、未来を通して還流しており、それにアクセスすることで、このようなことができると説明します。

　自己催眠で人格を変えることもできますし、必然ルートも変えることもできるとしますが、これも必然の範囲内のことであると解説します。

拙問天答原文

――睡眠は何のためにあるのか？（3.09.01）

「特に肉体の休養ということにかかわっているわけではなく、無心（状態）の活動のためである。無心とは生命力の一種としてあり、生命要素である。したがって、睡眠をとらぬと死へといたる」

――地球上の有機体をもった生命体は全て睡眠行為をするのか？（3.09.02）

「行っている。ただし植物の場合は生命維持の変換行為を行っているので、動物体とは異なる。動物体といえども大小あり、多種多様のため、微生物の状態程度におけるように、ある境界はあるが、睡眠同様の行為はある」

――睡眠をとるのは、有機生命体のみの行為なのか？　それともエーテル体を保有するのみの生命体も睡眠するのか？（3.09.03）

「純エネルギー体としてのエーテル体であるゆえ、睡眠は不要である」

――宇宙における他の惑星系に生存する生命体も同様に睡眠行為があるのか？（3.09.04）

「創造経緯がおのおの地球とは異なるので、睡眠には関係ない」

――おのおのの生命体種によって睡眠の実質的内容は異なったものとなっているのか？（3.09.05）
「異なったものとなっている。生活環境から派生していくことである」
――人間にとって必要最低限の睡眠時間というものはあるのか？（3.09.06）
「個人差があるが、おのおのにある」
――睡眠中において自己意識はどうなっているのか？（3.09.07）
「一応存在しているが、活動していないだけである。コンピューターのスイッチを切っている状態だ」
――夢とは何なのか？　自己意識といかなる関係となっているのか？（3.09.08）
「想念（潜在意識）の延長上の現象である。実際は覚醒時にも起きているが、顕在意識のうしろに隠れているのである」
――なぜ夢を見るのか？（3.09.08）
「想念の延長上にあることゆえ、顕在意識が休止状態なら自然に現れてくることだ」
――夢の内容に何らかの意味があるのか？（3.09.10）

「あまりあるとはいえない。夢は超現実的になるほど良い」
——夢の世界というはあるのか？（3.09.11）
「ない。潜在意識の中身を表したものだ」
——夢を自由に見ることは可能か？（3.09.12）
「不可能である」
——夢の内容を完全に記憶することは可能か？（3.09.13）
「不可能である」
——夢に連続性があるのはいかなることか？（3.09.14）
「一度見た夢の内容を記憶していなかった部分を思い出している行為である」
——他者の夢に入り込むことは可能か？（3.09.15）
「ある面においては可能と言える。他者の潜在意識の中に入り込めばよいことだ」
——夢となる状態にはいろいろな種類や段階があるのか？（3.09.16）
「そのとおりである」
——睡眠と催眠は同意義のものか？（3.09.17）

「少し異なる。催眠は自己意識が働くものである、睡眠は働いていない状態だ」
――催眠状態とはいかなる意識状態であるのか？（3.09.18）
「自己意識が働き、むしろ自己が自発的に行為しているものである」
――催眠状態で時間逆行し、前世へ行くとはいかなることか？（3.09.19）
「潜在意識へ入り込んで、エネルギー流の経緯を引き出しているのだ。人間を通っているエネルギー流は過去、現在、未来を通して還流しているのだ」
――自己催眠で人格を変革させることは可能か？（3.09.20）
「可能なことである」
――催眠作用を使用して必然ルートを変更させることは可能か？（3.09.21）
「可能である。ただしこれも必然範囲内のことであるが」

25. 男女

男女は宇宙の機構構造に相似させて創られたのですが、男と女に分かれていることや男女の結合行為は地球独自のものです。単なる生殖機能として性別したのではなく、役割としての相互機能も付与しています。

男性は、外的要素を表現し花に例えると花弁に相当します。女性は、内的要素を表現し花に例えると花柱に相当します。動物の実態として、雄は大きく美しく装うが、雌は小さく比較的地味であることを参考にしなさいとも言っています。男女ともその特性を研磨する必要があるといいますが、男性は魂エネルギーが、女性は愛が不足しているとのことです。

性的倒錯者は正常ではないが、これも時の流れの必然だと解説します。また、同性愛というのは魂の寂しさに従って起きるものであるとも言っています。

女性が外観の美に執着するのは、自分が心に描く幻覚に添いたいためです。この幻覚が実現することによって他者を自分に引き付けたいという自己顕示欲の発現なので

男女は宇宙の機能構造に相似させるために創られた。
男と女に分かれていること、男女の結合行為は地球独自のもの。
単なる生殖機能として性別したのではなく、役割として相互の機能を付与した。
それぞれの特性を研磨する必要がある。

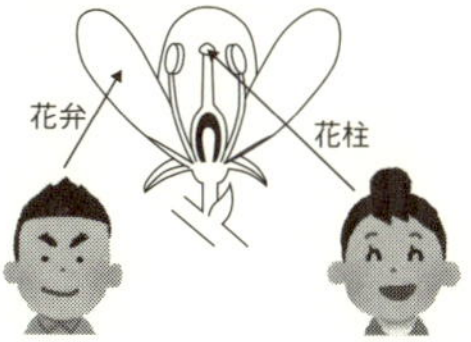

男性
・外的要素を表す
・花弁に相当
・雄は大きく美しく装う
・魂エネルギーが不足

女性
・内的素要を表す
・花柱に相当
・雌は比較的地味
・愛が不足

・性的倒錯者は正常ではないが、これも時の流れの必然である。
・女性が外観の美に執着するのは、自分が心に描く幻覚に添いたいためである。
他者を自分に引き付けたいという自己顕示の欲望の発現である。
・男女の間には魂の変革をきたすような純愛は存在しない。
・夫婦がお互いを理解するのは不可能。妥協あるのみ。

す。女性にとっての理想の美の基準は自己であり、自己が一番であるという自惚《うぬぼ》れが存在しているのです。この自惚れから解放されて柔軟性が具備されると進化の過程に入れると説明します。

男女の魂に変革をきたすような純愛というのは存在しておらず、願望としてあるのみだと言います。また、夫婦がお互いをよく理解し合うのは不可能であり、妥協あるのみとも言っています。

拙問天答原文

――男と女を創った目的は何か？　(0.10.10)

「宇宙の機能構造に相似させたのである。女性は内的要素、男性は外的要素を表現している」

――男性の本質は何か？　女性の本質は何か？　(0.10.11)

「男性は花に例えると花弁にあたる。女性は花に例えると花柱にあたる。動物の実態を参考にせよ。雄は大きく美しく装うが、雌は小さく比較的地味である」

――男女の結合行為は全宇宙的なものなのか？　またその理由は何か？　(0.10.33)

「これは地球独自のものである。また男、女に分かれていることもそうだ。理由は地球をとりまく宇宙の形式に関係することでもある」

――一夫一婦の家庭制度は今後も継承事項なのか？　(0.09.12)

「これからはもっと集団化した形体となっていくだろう。一個人能力下に統制された大家族の家族形体となっていく」

――男性に不足している要素は何か？　女性に不足している要素は何か？　(0.12.07)

「男性の不足分は魂エネルギーである。女性が不足しているのは、愛である。愛の資質としての次元を考慮せよ」
――性的倒錯者は是認される状態であるのか？　また同性愛というのはどういうことか？（0.12.08）
「正常ではないが、これも時代の流れの必然なのだ。同性愛というのは、魂の寂しさに従って起きるものである。行方（成り行き）交差現象なり」
――同性結婚とは何か？　安楽死というのは何か？（1.05.02）
「同性婚というのは全く論外のことで、宇宙の成り立ちから観れば全く外れてしまっている。安楽死とは永眠を意味する。次界あっても魂は意識せず全く眠った状態となっている。これは定められた寿命期間まで続く。安楽死を施した医師は本件によるペナルティーは受けない」
――男性特性、女性特性を特に錬磨する必要はないか？（1.10.19）
「錬磨した方がよい。女性の男性化や男性の女性化は退化ではなく、変化であるが好ましいとは言えぬ状態である」

――近親憎悪とは何か？　近親相姦をやったらいかなることになるのか？（1.11.08）
「欲であり業である。相姦などは人間愚性の見本のようなもので相応の退化を生む」
――人間社会における性別による役割分担が自ずとあるというのは誤りか？　全分野にわたり男女平等に行うのがよいのか？（2.04.08）
「時代により自ずと変化してきており、でなければならぬということはない。長い人類史においてはさまざまなる状態を呈してきた」
――モノセックスの傾向は変化なのか？　退化なのか？　進化なのか？（2.09.02）
「何でもない。単なる現象だ」
――人類創造当初において男性、女性の存在は単なる生殖機能としてあったのか？　それとも何らかの相互補完機能を付与してあったのか？（2.09.06）
「単なる生殖機能として性別したのではなく、役割としての互換の機能も付与してあるのだ。二分の原理である」
――女性は何故にこうも外観の美に執着するのか？（3.01.01）
「自分の心に描く幻覚に添いたいためである。この幻覚が実現することによって他者を自分に引き付けたいという自己顕示の欲望発現である」
——女性にとって理想的なる美の基準というものはあるのか？（3.01.02）
「理想基準は自己である。まず自己が一番であるとの自惚れがあり、他者に対する劣等感と感じるものに嫉妬する心を打ち消す。主体の動機は異性を引き付けたいとの願望から起こる。自惚れのとらわれから解放され柔軟性が具備できれば進化の過程に入る」
——夫婦がお互いに相手をよく理解するということは可能なのか？　それとも理解しようとすることは意味はあるのか？（3.05.21）
「理解は不可。妥協あるのみ」
——男女の間の魂の変革をきたすような純愛というものは存在するのか？（4.04.18）
「純愛という状態は存在しない。これは願望としてあるのだ」

26. 自己本位（エゴ）・戦争・テロ行為

自己本位（エゴ）の拡大は自己破滅に至るところまで可能であるが、その反動として天変地異が発生します。アレキサンダー大王やジンギスカンの例のように天災を招き子孫を苦しめます。欲望は刺激を欲し、活動エネルギーが働き活性化する作用もありますが、行き過ぎは反動の方が大きいようです。エゴの拡大では幸福にはなれないと喝破します。

戦争、闘争、テロ等の行為は、人間が愚かの十字架を進めているから起こるもので、人間の集団化が始まったころからある必要悪であると説明します。一方が他を殺すという行為は、殺す側にとっては魂の合体を意味します。魂の低いレベル状態であるともいいます。

テロ行為は単なる喧嘩《けんか》行為にすぎません。神の名の下の自爆テロも、単なる自殺行為であるので、未成仏の状態になります。イスラムの神と称しているのは単なる偶像であり、人間の思念が創ったエネルギー形態ですが、調和創造の作用はなく、外界の

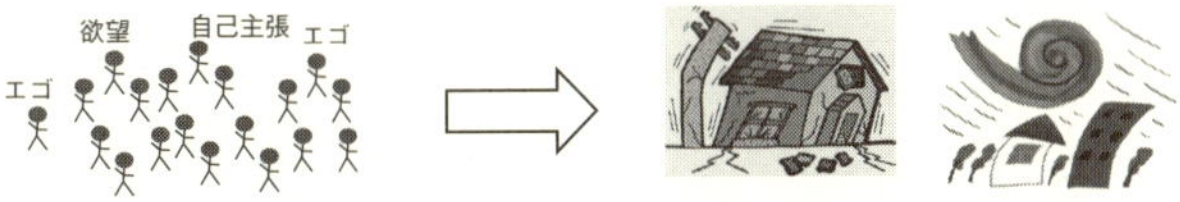

天災等はエゴ拡大の反動。（エゴは活動の活性化に役立つ面もあり）
エゴの拡大では幸福状態にはなれない。
エゴは磨くものでもなく、無理して消滅させるものでもない。自然に任せるのがよい。

・テロは単なる喧嘩行為。
・テロを行う者は、魂のレベルが低い状態。肉体意識と魂を結合している部分（無魂部）に乱れが生じている。守りの態勢状態を表している。
・殺す側は魂の合体となる。殺すほうも殺される方も、双方とも浄化されない。両者の関係は必然。カルマの法則による。

邪道も加担した破壊的エネルギーになっていると解説します。

テロの実行者と被害者の関係は必然であり、カルマの法則によるものであるとします。人間どうしの殺し合いは、現人類の魂が改善するまでは終了せず、改善も徐々に実行されていくので、順次変容していくでしょうが、なくなるまでは、相当の期間を要するとのことです。

拙問天答原文

――自己本位はどこまで貫くことができるか？　エゴはどこまで拡大できるのか？（1.06.07）

「自己拡大（エゴの拡張）の例として、征服欲の現象があり、古来、アレキサンダー大王やジンギスカンの例をとってみても世界の完全征服は不可であり、その反動は天災を招き子孫にまでいたる。したがって、エゴ拡大は自己壊滅にいたるところまで可能である。まず、大天災等の発生は欲望拡大の代償である。欲望の拡大を個々人がやり始めると世界全体が破滅していくことになる。ただし、欲望というものの意義は、刺激を欲するということである。その活動エネルギーが強弱、高低、大小の振動作用を生み、ある活性化を促進していることもあるのだ」

――エゴの拡大で幸福状態に入れるか？（1.06.08）

「入れない」

――エゴは磨き上げるものか？　それとも消滅させるべきものか？（1.06.09）

「自然に任せることだ」

——戦争行為はなぜ起こるのか？　人間である以上、紛争行為は避けることはできないのか？（0.12.02）

「人間が愚かの十字架を進めているために起こっているのである。愚かのという本質を知れ。愚かという理もあるのだ」

——戦争行為における被害者と加害者の念はどのように浄化されていくのか？（0.12.05）

「まず双方とも浄化はされない。戦争行為自体まったく無意味である。エネルギー的に見れば、ゼロ状態である。本来死とは生であり、生とは死であることの意味を知らなければならない」

——他者を抹殺してしまう魂というのはいかなる魂なのか？　また抹殺されてしまう魂とはいかなる関係があるのか？（1.05.07）

「一方が他を抹殺するという行為は魂の合体を意味しているのだ。強者（強魂）が弱者（弱魂）を抹殺する。両者は法則の関係で結ばれている。進化の低い状態で発生する」

——人間は本能的に破壊願望をもっているのか？（1.05.18）

「もっている。必要悪といえるものだ」
——テロ行為の人間社会に対する役割は何か？（1.09.09）
「これは単に喧嘩行為にすぎない」
——テロ行為のためにかかわる人間たちはいかなる魂の持ち主なのか？（1.09.10）
「まずはレベルが低い状態であり、肉体意識と魂を結合している部分（無魂部）に乱れが生じているのである。守りの態勢状態を現している」
——人間相互の闘争の歴史はどのくらい以前からあり、創造されてからどのくらい経過して発生し始めたのか？（1.09.11）
「創造されて集団化が始まったらすぐに始まった。つまり、守りの姿勢が出現したときからである。自己防衛の拡大現象である。愚から創造された証である」
——人間同士の闘争行為というのは、いずれ消滅していくのか？それとも人間である以上不可避なのか？（1.09.12）
「今後も状況によっては続くことになる。これは現人類の魂の改善が終了するまでは終了せず、改造も徐々に実施されていくので、順次変容していくだろうが、全く無となるには、まだ相当の期間を要するだろう」
――神の名のもとに勇んで自殺していく者たちのそれ以降はどうなるのか?(1.09.13)
「ただの自殺行為であるので、未成仏の状態である。イスラムの神と称しているのは、単なる偶像である。それに人間の理念が創ったエネルギー形態であるが、調和創造の作用はしていない。それに外界の邪道も加担し破壊的エネルギーになっているようだ」
――テロの実行者とその被害者の関係は必然であるのか?(1.09.14)
「必然である。カルマの法則が働いたものである」
――地球の混乱は天の混乱によるものであったのか?(1.09.16)
「地上の混乱は全く地上の問題である。神の闘いと見えるのは地上の人間想念が創り出した神たちであり、宗教はほとんどが始祖の思いとなっておらず、その後に続いた人間たちの思いに変容してしまったものである。人間の論理が神の論理とされ、人間の創った偶像に人間が創った思念エネルギー形態が入り込んで作用を及ぼしているのがほとんどといえる」

27. 経済等

貨幣そのものは、人間が創った約束事であり、貨幣自体はエネルギーはありません。貨幣効果の合理的運用は人間の考え方によるところがあります。貨幣本来の利便性の活用を再考すべきと言っています。貨幣経済そのものは、形態は変化していくものの当面続くでしょう。なお、富の不均衡現象、後進国の問題等は人間のエゴや大国のエゴから発生しているものです。

私有という概念は、人間が創造されて、しばらくしてから出現したといいます。資本主義という経済システムは、合目的とはいえないものの、しばらくこの状態が続くだろうと予測しています。ただし資本主義の形態は地域によって多様化が始まっていくとも言っています。

人間が殖産興業をするときは、全てを向上させていく意味を含んでいなければならないと言います。これを遂行することにより、何がどう変わり、より良くなるか、何を与えられるかを考えることが大切であり、何が利するかは二の次と説明します。

・貨幣とは人間の約束事。貨幣自体はエネルギー体ではない。
・貨幣経済は当面続くが、形態は変化していく。
・貨幣効果の合理的運用は人間の考え方いかんによる。貨幣がもつ本来の利便性の活用を図るべき。
・富として不均衡現象は人間のエゴによる。
・殖産興業は、全てを向上させていく意味を含んでいないといけない。殖産により何がどう変わり良くなっていくかを考えろ。目先の利益ではない。
・資本主義という概念は合目的ではないが、当面は続く。多様化が進む。
・私有という概念は、人間が創造されてしばらくしてから現れた。流れの一部。流通の過程の一つ。

貨幣は人間の約束事
本来の利便性を活用すべし。

資本主義は合目的
ではないが当面続く。
多様化していく。

人間が地球意識で物事の思考ができるまで300年ぐらいのサイクルで小崩壊が地上に起こることが必要。

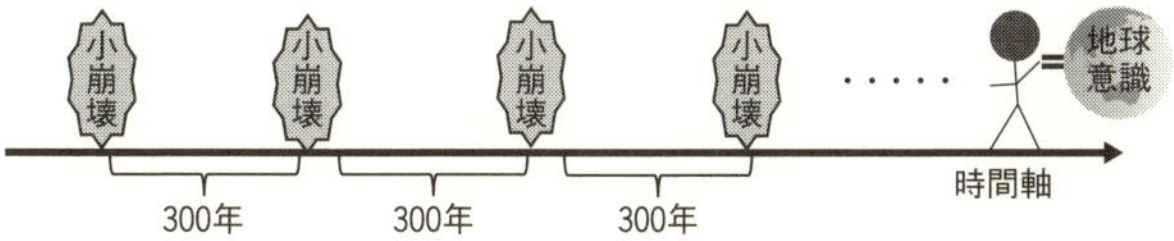

地球人類は完全に崩壊せずとも、３００年サイクルぐらいで小崩壊を繰り返して、反省していくことが必要と言っています。これは世界全体が地球意識と同様に物事が思考できるまで続くことになるとも言います。

日本は、地球文明のイニシアチブをもうすでにとっていなければいけないはずですが、まだとりきれていないとも言っています。

拙問天答原文

——地球の経済システムは今後どうなるか？（0.10.27）

「新しいシステムとなる」

——貨幣経済はいつまで続くのか？　それともこれに代わる優れた経済システムが出現するのか？（1.01.17）

「まだしばらく続くだろう。いずれ形態は変化していくだろうが、その前に人類の意識が変わらなければならない」

——貨幣の本質とは何なのか？　貨幣の不在が落命を起こすこともあるということは生命エネルギーでもあることか？（1.05.01）

「貨幣とは人間の約束事である。したがって貨幣自体はエネルギーではない。富としての不均衡現象は人間のエゴから発生しているものだ。したがって貨幣効果の合理的運用は人間の考え方いかんによる。後進国の問題は大国のエゴから発生しているものだ。財貨としての富財者も困窮者もおのおの問題を抱えている現状がある。元来保有する利便性の運用性を再考すべし」

――人間が殖産興業するときは、何を目標とすれば最良といえるのか？（1.08.02）
「全て向上させていく意味を含んでいなければならない。これを遂行することによって何がどう変わり良くなっていくのか。また進行していく過程も大切である。何を与えることができるかが大切であり、何を利益とすることではない。試練の向上をはかり可能性を上げること」
――円満なる成長過程というのは人間にとって実際は不利益をもたらすものなのか？（1.08.08）
「円満成長が不利益をもたらすことはない。トラウマを受けるのは、ほとんど因果の法則からである。なんらかの訓練をさせられているのだ。宇宙規則に違反しているから矯正せよとの意思表示でもある」
――私有という概念は人間創造当初からあったのか？（1.12.01）
「創造されてしばらく過ぎてから出現した。流れの一部であり、流通の過程の一つである」
――人間がその社会において展開する諸事業の中には宇宙に対して貢献するようなも

のもあるだろうか？（2.04.02）
「現時点においては見られないが、いずれはそのようなものが出現することだろう」
——現在において人間社会の統制思考として民主主義というのは合目的なものであるか？　また資本主義という経済システムの思想は合目的なものか？（2.04.03）
「民主主義は現状においては合目的なものとは言えない。また資本主義思想も同様である。適応される思想は、時代時代によって自ずと異なってくるものではあるが、不適当ではある」
——資本主義による経済システムに代わるものとしてどのようなものが次に現れるのか？（2.06.01）
「まだしばらくはこの状態が続くが、地域によって資本主義形態の多様化が始まってくるだろう」
——現世界における実経済と虚経済の活動比率はどうなっているのか？（2.06.02）
「実や虚と見なされてる状態にあっても、現に実行されているものであるので、全ては見方によるものだ。無駄な経済の動きと見えても経済の流れに関与している部分があるといえる。経済を循環する川の流れと見れば、急流もあればよどみもあり、常に循環することが重要なのだ」

——知的財産の所有権という概念は正しいことなのか？　それとも本来は一般に公開すべきことなのか？（2.06.06）

「現時代においては、商売の対象として好材料であるゆえに生じている、本来は分け合うものなのである。人間社会の仕組みにおける弊害なのだ」

——日本が地球文明のイニシアチブをとれるのはいつごろからか？（0.09.19）

「すでにとっていないといけないときである。裏ではすでにとっている。これらは宇宙から操作されており、後はスイッチを押すだけの状態だ」

——それ以前に日本が攻撃を受けて破壊されることはあるのか？（0.09.20）

「地球内部からはない。ただし宇宙からのエネルギー攻撃はあるかもしれない。これは例のルイ廟からのものだ。地球を宇宙支配の中継基地にしたい思いがある」

——大和魂というのが世界精神になるのか？　また日本は世界の核なのか？（1.02.11）

「大和魂は世界精神にはならない。日本は世界における指導の国であり、日本から指導の光が発せられる。東方の光に意味あり」

――地球人類を再生させるためには、日本は一度完全に崩壊するのか？　世界はどうなるのか？（1.05.23）

「完全に崩壊まではしなくてもよいが、小崩壊は続かなければならない。世界も同様である。これは世界全体が地球意識で物事が思考できるまで続くことだ。３００年ぐらいのサイクルで発生することが必要である。現状は変化の過程にあるのだ」

28. 科学（その1）

科学に関連する拙問天答をみると、現在の科学は、物質社会に特化しているため、真理に程遠いようです。現在科学の諸定理、諸学説は真理の程度がうんぬんできるにいたっていないほど愚かなレベルであると言います。また、科学が進化すればするほど古生代に戻るだろうという表現をしています。まずはムーやアトランティス以前まで戻らないといけないようです。

ノーベル賞は現在の物質社会には貢献したのだろうけれども、本来の科学の発展に向けては衰退していくだろうと喝破します。またダーウィンの進化論は人間のこうあってほしいという願望がもとになっており、人間は猿から進化していないと言いきります。

宇宙的な原理として、空間と時間とエネルギーの3要素によって機能する「空間の原理」というものがあって、エネルギー効果が魚眼レンズの作用を受けるがごとく扇形に展開していくようです。距離が離れるほどエネルギーの到達が早く大きくなると

現在の諸定理や学説はまだ真理と呼ばれるレベルにはいたっていない。
科学は進めば進むほど古生代に戻る。
ノーベル賞は物質社会に貢献したが、今後は衰退。
ダーウィンの進化論は間違い。人間が猿から進化したわけでない。
物質社会（3次元）を超える世界があり、それを信じることが大事。

いう現象を説明できるとします。
原子、分子は「憧《どう》」が作ると言います。憧は、突く、たたく、ぶつかるという意味です。原子、分子は、人間の理念等の精神エネルギーの影響を受けると言います。どうも科学の真理を追究する場合、物質科学と精神科学を同時に考えていく必要があるようです。物質科学（3次元）を超えることができると信じることが大事であると解説します。

拙問天答原文

――科学技術はどのように進めていったらよいのか？（0.09.10）

「今後はもとの状態に戻っていくだろう。進めば進むほど古生代に戻る。まずはムーやアトランティス以前の状態に戻る」

――ノーベル賞は本当に価値があるのか？（0.10.29）

「物質社会の進歩に役に立った。今後は衰退していくだろう」

――現人類の学説定理はどのくらい真理を含んでいるか？（1.01.12）

「真理の程度などうんぬんできないほど愚かな状態である」

――科学分野の回帰が始まることについてどの分野がどのような傾向をまず示すのか？（1.01.18）

「全体にいえば、まず現有の理論では全く理解できなくなり、各分野に混乱が起こってくる。そして初心に戻ってみたときに答えが出てくるだろう。したがって各種に歪みが種々発生してくるだろう」

――ダーウィンの進化論の誤りはどこにあるのか？（1.05.13）

「発生進化の根本が違っている。猿から人類が進化してきたという発想は、そうありたしという願望からきたものである」

――現地上世界の諸定理や学説が応用実用化されているが、これは真理を含んでいる証ではないか？（1.11.06）

「到底真理といわれるゾーンまでには至っておらず、真理のごく浅いところを撫《な》でている状態なり」

――事物の劣化現象は必然としてあるのか？（2.02.17）

「そのとおりだ」

――精神エネルギーは物資作用を及ぼすか？（2.02.18）

「及ぼす。念と関係している」

――時間や空間は実質なのか？　概念なのか？（2.02.19）

「実質ではあるが、基準により異なってくる。つまり次元レベルによって異なったものとなるのである。宇宙的な原理として距離が離れるほどエネルギーの到達が早く大きくなるという現象が起こる。エネルギー効果が魚眼レンズの作用を受けるがごとく扇形に展開していく『空間の原理』が働くことになる。空間と時間とエネルギーの3要素によって機能する法則である」

――極小と極大は同位異様ということになるか？（2.03.07）

「そのとおりである」

――虚と実の本質とは認識作用の内にあることではないのか？（2.03.09）

「実際に存在している要素だ」

――根本法則は唯一から始まるのか？　それとも複数からか？（2.03.21）

「複数法則から始まるのだ。これが宇宙的なのだ」

――形体を形体として維持しているものは何か？（2.12.12）

「空間の法則である。形体とは空間が存在するための要素である。したがって形体が発生するための発生原理が空間であるといえ、作用の一部なのだ。物が物として存在し続けるのは、空間における有の作用原理であり、これに対して無の作用原理があり、念の力がこの作動スイッチである」

――原子に至るまでのエネルギー段階はどのくらいあるのか？（2.12.13）

「原子として現れるまでに無数にわたるエネルギー段階がある。エネルギーや空間も含めて他の多要素が多くの分裂を繰り返して出現するのである」
――原子や分子を作り出したるものは何か？（2.12.14）
「憧（どう）である。憧とは、突く、たたく、ぶつかり合うの意」
――原子や分子の運動は人間の思念によって影響を受けることがあるのか？（2.12.15）
「もちろんある」
――太陽系における惑星の配列や自転、公転の仕組みは、他の銀河系においても同様の法則となっているのか？（3.03.18）
「同様の法則のもとで成立している。ただし配置形体はおのおの異なったものとはなっている」
――物質の本質を研究していけば、非物質の領域も解明できることとなるのか？（4.03.13）
「一部解明できることもあるが、大部分は解明不可能である。正しい方向への問題が派生してくることとなるだろう」

――物質科学を超えるためにはいかなる手段を探ればよいか？（4.05.19）

「物質世界（3次元）を超えることが可能なのだと信じることから始まるのだ」

29. 科学（その2）

水という概念は宇宙普遍のものであり、やり方等は異なりますが、水という概念体で摂取還流していると説明します。水の本質は光です。言葉に対する水結晶の変化現象は、初歩的な光の宇宙反応です。地球の水は、彗星等外部からもたらされたものではなく、もともとあった大気組成の変化によって発生したものです。地球自体が水の惑星として意識させられ出来上がったものです。当然人間の寿命にも関係してきます。

ＤＮＡの門は奥深く広いですが、これを探究しても宇宙全体の一部の開示にとどまるでしょう。人間がＤＮＡを操作するという行為は、正当ではありません。もちろん人間が操作しようと試みていることは稚拙な領域ではあるので、たいしたことではありません。なお、地球の生態系には、ＲＮＡ、ＤＮＡ以外にもまだ発見されていない多種の方式が存在しています。

人類が使用可能なエネルギーは宇宙には無数にあると言います。現在使われているエネルギー源である、石油、石炭、原子力、各種自然エネルギーは、当面継続される

・生物体における水という概念は宇宙普遍の概念
・水の本質は光。言葉に対する水の結晶の反応も光の初歩的反応
・水は地球の大気組成の変化により発生。彗星等外部からもたらせたものではない
・地球は水の惑星。人間の寿命にも水が関与

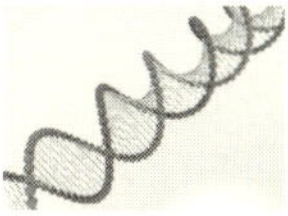

・DNAを探究しても宇宙全体がわかるわけではない
・DNAの門は奥深く広い
・DNA操作は正当化されない
・地球の生態系にはRNA、DNA以外の要素もあり

・人類が利用可能なエネルギーは無数
・石油、原子力等のエネルギーは当面継続 次は空間エネルギーか？

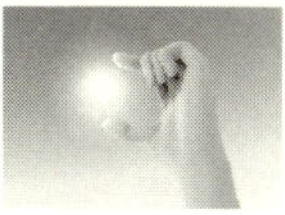

だろうと予測します。次に続くものとして、空間にあるエネルギーを取り出して使用するようになるだろうと言っています。

なお放射性物質の除去については、放射性物質が使用されなくなったときに除去が可能になるだろうとしています。

拙問天答原文

——生物体における水の必要性は地球独自のものか？（0.10.34）

「水という概念は宇宙普遍のものである。ところによってはやり方は異なるが、水という概念対で摂取還流している」

——社会活動のためのエネルギー源は今の石油や電力、原子力に代わったものになっていくのか？（1.01.19）

「現エネルギー源はまだ継続されるだろう。次に続くものは空間にあるエネルギーを取り出して使用することになる。現時点ではその芽は見られるが、思想活動を変えねば実用化はできない」

——現文明最悪の科学物質である放射性物質の除去は可能なのか？　可能ならばいつごろなのか？（1.01.20）

「可能となるだろう。時期は放射性物質を使用しなくなったときである」

——自動車文明はまだ続くのか？（1.01.21）

「まだ続くだろう。人類がこのような原始的な装置を望んでいるかぎり」

——物質とは何か？　またその素元は何なのか？（1.02.01）
「物である。それ以上の詮索は必要とせず」
——電気とは何か？　磁気とは何か？　電磁波とは何か？　重力とは何か？（1.02.02）
「電気とはエネルギーの移動の帯である。磁気とは変化である。電磁波とは波である。重力とは点と点が離れた状態であり、エネルギーのピンポン状態である」
——エネルギーとは何か？（1.02.03）
「力重というのだ」
——人類が使用可能なエネルギー（宇宙）は何種類ぐらいあるのか？（1.02.05）
「無数にある」
——空間移動の方式は何種類ぐらいあるのか？（1.02.06）
「エネルギーと同様、無数の可能性がある」
——光とは何か？　また闇とは何か？（1.02.08）
「光とは次元の移動である」
——光の命寿とはナマスなのか？（1.02.09）

「それとは異なるものである」

——人間はサイボーグ人間や機械人間を作るところまでいってしまうのだろうか？（1.05.20）

「ある程度までは到達するであろうが、やがて弊害が発生するだろう」

——ＤＮＡの探究はついには宇宙の開示につながるものとなるか？（1.12.22）

「ほんの一部しか開示されないだろう。ＤＮＡの門は奥深く広い」

——肉体人間の寿命は最大どのくらいまで延ばすことができるのか？（2.01.16）

「寿命は相当量延ばすことが可能であるが、必ず弊害も起こすことになる。平均寿命は変わらず超長寿と超短命が交ざる状態を呈したりするだろう。全てが水の状態に関係してくることで、段階もあり法則もある」

——水の本質は何か？　また水に意識の活動はあるか？（2.02.07）

「本質は光である。言葉に対する水結晶の変化現象や他の意思表示に対する同様現象にても、初歩的な光の宇宙反応であり、水の意思表示ではない」

——最新の宇宙理論として量子論と相対性理論を結合可能としたヒモ理論があるが、

真理への正しい方向性なのか？（2.04.16）
「3次元物質界では適合できるが、宇宙に対しては間違いである。まったくもって物質的発想によって構成されている」
――人間のＤＮＡは操作は正当なことか？（2.04.20）
「不当である。自体の本義が全くわかっていない」
――事物の本質とは一要素にて構成されるのか？　それとも多要素の組み合わせとなっているのか？（2.08.05）
「多要素の組み合わせによって構成されているのだ」
――人間がＤＮＡを操作することは正しいことか？（2.08.15）
「正しいことではない。しかし今人間が操作として試みていることは稚拙なる行為であり、たいした行為ではない」
――地球の生態系において、ＲＮＡとＤＮＡの2種類が存在するわけは何か？(3.03.16)
「実際もっと多種の方式が存在しているのであるが、まだ発見されていないだけである。おのおの形式の間には因果関係が存在しており、生態系に変化や問題となる事態を発生させるために種々あるということだ。移動要素とか破壊のための要素としてあるのだ」

——地球に存在する水は彗星によってもたらされたものか？（3.03.17）

「彗星等によって外界からもたらされたものではなく、もともとあった大気組成の変化によって発生したものである。地球自体水の惑星として意識させられて出来上がったものである」

30. 動植物

人間と動植物の関係については、共生状態が良いといいます。ただしお互いにテリトリーを分けておくことが必要とのことです。ペットと人間の関係ですが、ペットの方が上位であり、人間がペットに飼われているのが実態と説明します。また人間の創造主よりもより上位の方が創造主でおられるとも言っています。ペットを選ぶときは、人間の住環境から遠く離れた場所にいる動物はよくないといいます。身近から選ぶことが大切といいます。動物は、人間をいやな波動を出している動物としてみているのです。

生あるもの全てはそのレベルに応じて、知性、理性、悟性、感性等を保有しています。これらの意識体とは「間」(ま)を使えばコミュニケーションできます。宇宙に対する役割も良きエーテル体を供するためであり、人間と同様のようです。

動植物の品種改良は、人間の生活圏におけるエゴと受ける側のカルマの関係によって起こっている現象で、あまり推奨できるものではないようです。ついには誤りであ

あらゆる生命体がそのレベルに応じて知性、理性、悟性、感性等を保持している
各意識体は「間」（ま）をとおしてコミュニケーションすることは可能
人間は動植物との共生状態が良い　一定のテリトリーを保つことが重要
人類以外は全てが宇宙調和体
宇宙は動植物にも良きエーテル体になることを求めている

人間　動物　植物　微生物・ウイルス

間（ま）をとおしてコミュニケーション可能
良きエーテル体になることを宇宙は求めている

人間による動植物の改良→NG
人間のエゴ＋動植物側のカルマの法則

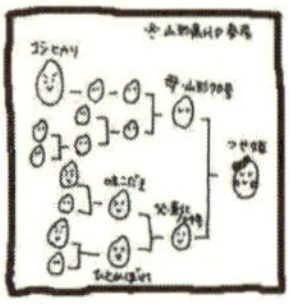

ると気付かされるだけだという言い方もしています。

動物には人間と同様の個性はありませんが、動物は個々に異なる性質をもっており、人間の愚性を目覚めさせるために、自己犠牲的な行動をとる動物もたまにはいるようです。

拙問天答原文

――ペットは人間に飼われるべきものとして存在しているのか？（0.11.14）

「実際にはペットの方が上位であり、人間がペットに飼われているのだ」

――他の動物をペット化してもよいのか？（0.11.15）

「人間の住環境から遠く離れた場所に存在、生存している動物はよくない。選ぶとしたら身近なところから選ぶこと。他の植物類も同様といえる。へき地の植物は育たない。ただし毒植物は関係なし。どんな場所のものも効果を発揮する。低きへ流れいくものなり」

――植物と人間、動物と人間の関わり合いはいかなる状態が良いのか？（1.05.12）

「共生状態が良い。ただしお互いテリトリーを分けて行うことだ」

――動物は人間をどう認識しているのか？（1.09.15）

「動物としてみている。一部動物たちは、いやな波動を出している動物であると感じているものものもいる」

――生物体の生死現象は総合的に観ると一種の作用現状といえるのか？（2.02.11）

「流れである。しかも目的のある流れである」
——人間は地球上の全生物体と意思疎通が可能となることがあるだろうか？（2.02.22）
「相当に理解を超えていることだろうから、まず不可能であろうが、一部に関しては可能となるだろう」
——人間と動物の情報交換は必要か？（2.04.18）
「人間の愚性をめざめさせるためにも必要といえば必要である」
——人間は動物や植物を根本的に改善することはできるのか？（2.04.19）
「人間は動物や植物を品種改良と称して人間の都合の良いように変化せしめているが、ほとんどが改悪状態となっている。自発行為と思っているが、実際はついには誤りであったことに気付かせられるためにやらされているのである。必ず反動が起こってくるだろう」
——動物にも個性はあるのか？　また進化があるのか？　あるとすればその最終目標点はどのようなものか？（2.10.12）
「人間のような個性とは言えないが、性質が異なっている状態にはなっている。もちろん進化しているが、最終目標点については不答とする。一部は人間のために犠牲になって、人間に気付きを与え、人間が原点回帰できるように仲立ちするものもある」

——宇宙に対する動物の役割りとは何か？（2.10.13）

「良きエーテル体を供するためである」

——動物の創造主と人間の創造主は同一の方なのか？（2.10.14）

「同一系統の方であるが、人間の創造主よりも上位に存する方である」

——知性、理性、悟性、感性などというものは、人間独自に備わっているものなのか？（2.12.17）

「人間独自のものではない。生あるもの全てに備わっているものである。したがって植物、動物、昆虫、微生物からウイルスに至るまで、おのおののレベルにおいて備わっているものである。これらの意識体とは、間（ま）を使えばコミュニケーションすることが可能となる」

——動物界において哺乳類と爬虫類では宇宙に対する役割は異なっているのか？（3.02.06）

「異ならない。基本的には同じである。両種の違いは制限過程に入っているためであり、進化過程を表しているものでもある」
――爬虫類をペットにしたいと思う人間は人類種類が異なるのか？（3.02.07）
「特に異なっているわけではない。単なる情報で選択しているにすぎない」
――自然界に見られる擬態（毒蛇に見せたり、スズメバチに見せたり）は自己保存のためと思われるが、人間の場合もペテン行為等も自己保存行為の部類に入るのか？（3.10.11）
「ペテン行為は生活力の一部であり、自己保存の本能とは異なる。人間の場合、鳥肌等がそれにあたる。太古に体毛を立て大きく見せるという行為に発するものだ」
――人類を除外した場合、この地球上の全生命体は宇宙的な自然体となっていくのか？（3.12.01）
「人類以外は全て宇宙調和体である。ただし人類の中にも一部は調和体として含まれている。また人類とかかわっている動物、植物の中にも反宇宙を呈するものもある」
――人間によって改良（実は改悪）される動物や植物というのは、自然にとってどの

ような意義を有するのか？（4.01.01）

「これは人間の生活圏におけるエゴの問題であるのだ。それと受ける側の動植物に起因するカルマの関係もある。自然のカルマというものもあるのである」

――微生物の霊との交信法はあるのか？（0.11.13）

「ある。ただし微生物の活動をやめさせることはできない。細菌やウイルスの作用が生命をおびやかす程度になった場合は停止させることはできる。人間の行為として自己保存や保守行為は破壊に結びついていく。逆思考すればよい。逆とは理であり、定めであり、拡大でもある。無守、無作為、自然流がよし。自我が最優先とするという考えがそもそも間違いのもととなる」

31．自然環境

人間と自然環境が共存することが大切です。機械化、人工化は自然体系の悪化につながります。ある程度を超えると人間の手による修復ではなく、天災や地殻変動により修復されます。

有害なる物質は、本来は存在する物質を結合させたのであるから、元の状態に戻せばよいのであり、その問題発生の原因となった次代が処理すべきものです。解決できなければ、そのまま残っていくことになります。

人間の心のエネルギーは自然環境や天候に影響を与えることができます。良い思いの集合は良い自然現象に、悪い思いの集合は天災等、悪い自然現象の結果につながります。心の集合エネルギーは無視できないものなのです。

砂漠は、自然現象と人間活動の双方が原因で発生しますが、人間活動の原因の方が大きいと言っています。

人間により微生物や動物の分布状態が錯乱される場合もありますが、移動や拡散と

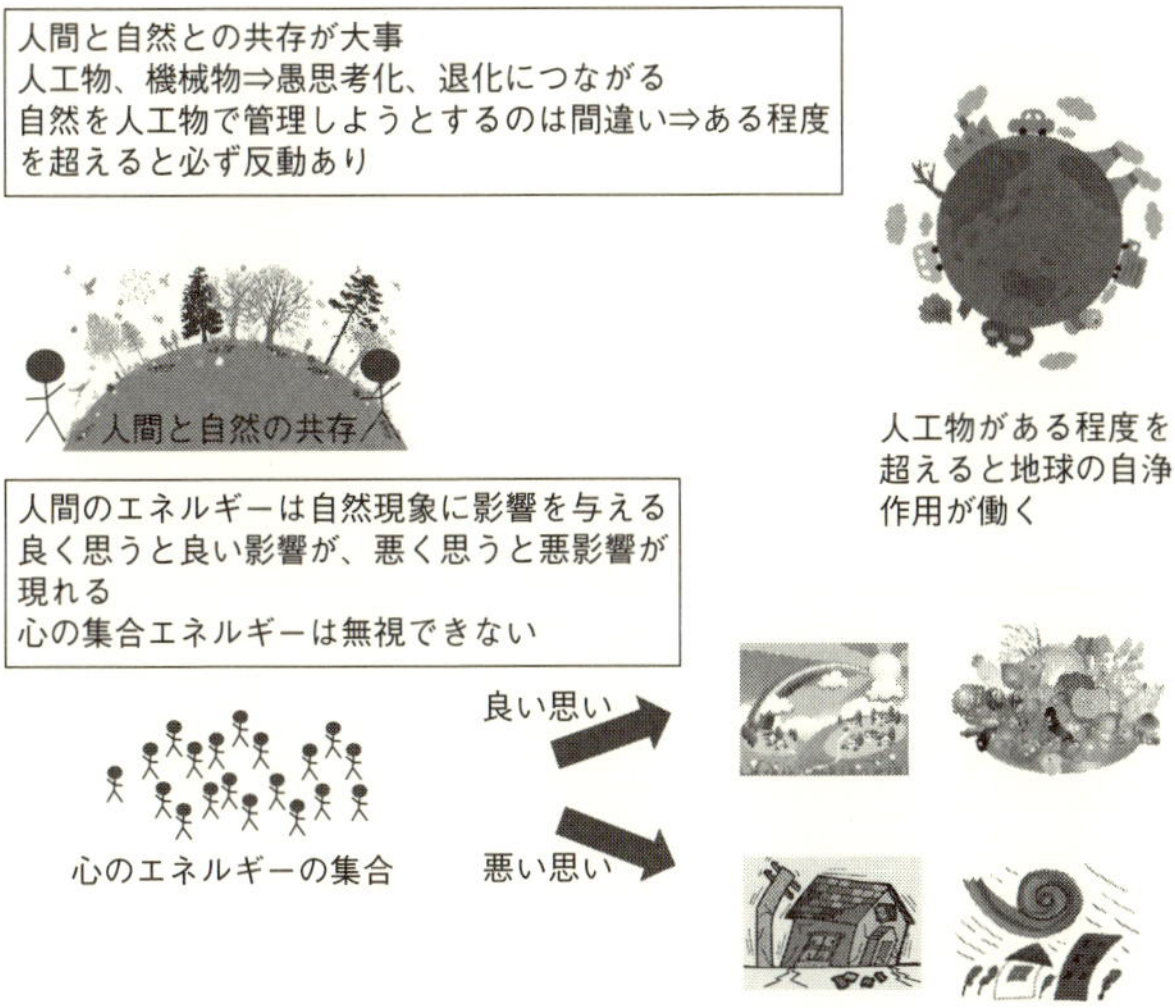
人間と自然との共存が大事
人工物、機械物⇒愚思考化、退化につながる
自然を人工物で管理しようとするのは間違い⇒ある程度を超えると必ず反動あり
人間と自然の共存
人工物がある程度を超えると地球の自浄作用が働く
人間のエネルギーは自然現象に影響を与える
良く思うと良い影響が、悪く思うと悪影響が現れる
心の集合エネルギーは無視できない
良い思い
悪い思い
心のエネルギーの集合

いった何らかの必要性があって発生している場合もあり、特に生態系に不都合であると言いきれない面もあります。

拙問天答原文

――自然との共存が良いことか？　それとも加工が良いのか？（1.03.12）

「自然共存が良い。自然形態の悪化は人類その他諸々の崩壊であり、退化に付随したことを招きえる。自然が失われるにつれてその反動として現世界に機械化愚思想が比例して現れてきて、その愚作により諸物が失われていく」

――人間が自然を改造・改修する必要はないのか？（1.08.03）

「人間が自主的に改善・改修しているのではなく、実はやらされているのが現状である。自然との掛け合いを学習させられており、ある程度を超えると反動を受けることとなろう」

――砂漠というのは自然現象なのか？　それとも人間活動が主原因なのか？（2.05.06）

「両方の要因である。人間活動が原因で発生する場合も多い」

――人間の心のエネルギー状態は自然現象や天候に影響を与えるのか？（2.05.07）

「心に思う質を良くすれば良き影響が現れ、悪くすれば悪現象になるごとく影響を与えている。心の集合エネルギーの影響は無視できないものである」

――人類史上今回における産業革命以来、人類が発生させてきた有害なる化学物質による環境汚染は今後解消することができるのか？（2.06.03）

「まず解消はできないだろう。したがって子々孫々まで続くようになる。元来存在する物質を結合したのであるから、またもとの状態に戻せばよいのであり、原因時代が処理すべきものである。でなければ残っていくということだ」

――人工の構造物による自然破壊は今後現状復帰できるようなるのか？ それとも成り行きとなるのか？（2.06.04）

「人間の手による修復ではなく天災や地殻変動によって変化していくだろう。人工化が進めば進むほど環境に寒々しさが現れ、この冷えた雰囲気がさまざまなる問題発生の要因になってくるだろう。社会変化の虚質化が起こってくるのだ」

――人間によって微生物や動物の分布状態が錯乱されても、それらの存在自体に以降の影響はないのか？（2.08.11）

「たとえ人間が原因であったとしても、移動や拡散は何らかの必要性に応じて発生している場合があり、特に生態系に不都合ばかりとは言えないのだ」

――地球上の全生命体が存在するためのシステムというのは、地球独自のものとなっているのか？（3.12.03）

「生命維持のシステムは多種多様にわたってあり、このうち他の宇宙体においても同様なシステムが見られるゆえ、全く地球独自のものとはいえない」

32. 教育

人間教育で一番大事なのは、思根と源徳であるとします。思根とは思いを深くめぐらす眼力を養うことであり、源徳とは、徳の源である心を養うことです。精神特性の鍛錬順は、本能、精神耐力、感性となります。また心を鍛えるためには、心本体、悟性、理性、知性の順番がいいようです。

育児は、人類社会にとっては必然項目です。現在社会では社会がまだ子どもを教育できる体制にはいたっておらず、当面は家庭教育ベースが良いようです。

親と子の関係は、「親として子とは親の元である」「子は親であり、親は子どもである」と解説します。「かわいい子には旅をさせろ」は正しいとします。

現在の教育は一方的な教え方が中心となっており、一方的に教える側と教わる側が分かれるのではなく、共に学び合うという立場にすることが大事であるとします。子どもの能力に対しては単に未熟と観るものではなく、常に一目置いて取り扱う態度が教師に必要であると説きます。

人間の教育に一番大事なものは思根（思いを深く考えめぐらす眼力を養うこと）と源徳（徳の源となる心を養うこと）

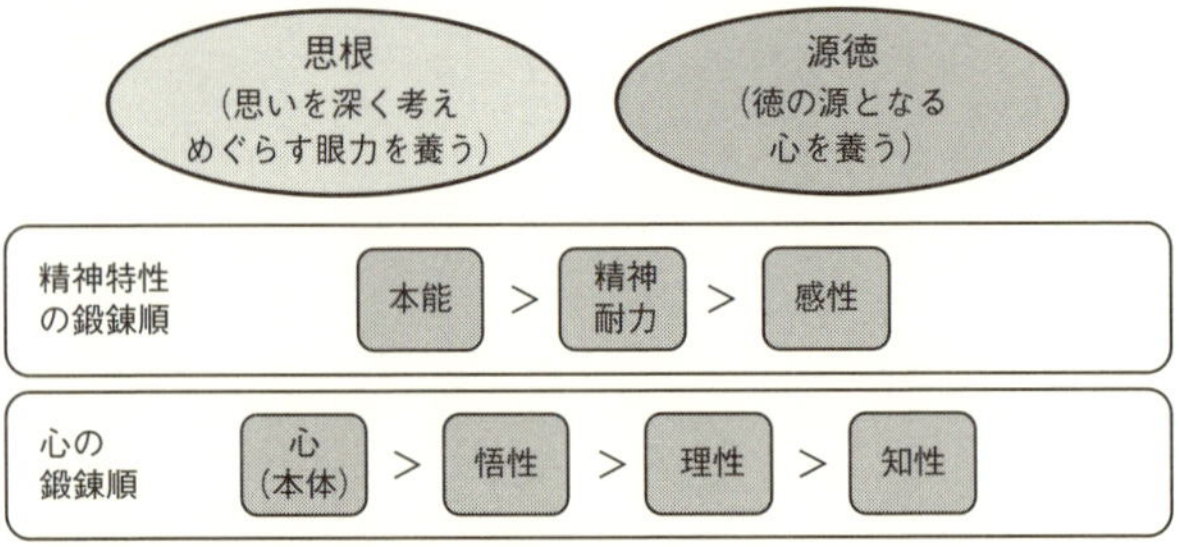

・育児は人類社会にとっての必然項目
・親にして子とは親になる元である　子は親であり、親は子どもである
・子供の能力に対しては単に未熟と観るものではなく、一目置いて常に取り扱う態度が大事
・時の根本を極めることをテーマにした教育法が大事（現在ただいまのこの瞬間に入り込めるようになればよい）

人間の本来能力を開花させるには、時の根本を極めることをテーマにした教育法が良いようです。現在ただいまのこの瞬間に入り込めるようになれば能力が開花します。

時を知ることが大事です。

拙問天答原文

――正常な親子関係というものはどのようなものか？（0.12.09）

「親にして子とは親になる元である。このことから思い出すべきものなり（したがって親は自分が子どものころに親にされたことをよく反省し、子どもの立場になって子のためにやるよう努力することか。子は親の態度を見て将来の手本とするとの繰り返しとなる）。現在の親たちはよくわかっていない上に親を放棄している者もいる。子は親であり、親は子どもである」

――育児というのは社会にとってどのくらいの重要度があり、どうあるべきものなのか？（0.12.10）

「人類社会にとって必然項目である。ゆえに完遂継続事項は当然である」

――人間の教育には何が一番大切か？（1.03.06）

「思根である（思いを深く考えめぐらす眼力を養うこと）。源徳である（徳の源となる心を養うこと）」

――芸術とは何のための存在しており、また芸術家の魂たちはどのような存在なのか？

(1.03.13)

「世界を知らせる手段の一つであり、感情のメッセージである。柔軟性のある魂たちである」

——人間として錬磨すべき精神特性の順序はどのようになるのが理想といえるのか？例えば知性、理性、感性、悟性それと本能等であるが……。(1.08.14)

「まず精神特性の分類が異なる。知性、特性、悟性は精神分野ではなく心の分野である。以上をもとにして精神特性の錬磨順は、一番＝本能、二番＝精神耐力、三番＝感性となる。次に、心の錬磨順は、一番＝心（本体）、二番＝悟性、三番＝理性、四番＝知性である」

——現人類の教育システムは新人類に移行するための手直しは不要なのか？(2.01.12)

「もちろん必要である。これはやるべきことであり、これからからみが出てきて根本的な再考を迫られることとなるだろう」

——人間に矯正を起こさせるためには、肉体的苦痛を与えるしかないのか？(2.05.11)

「肉体的な処置などあまり意味をなさないが、教育法を検討する必要がある。まず何が大切な要素であるかを見極める能力を養うことで、この意味での本質的教育論が必要とされるのだ」
――人間は元来、学習という経緯を経ずしては自立機能を身につけることは不可能であるのか？（2.05.12）
「本来は自然と自立機能が備わってくるようになるのである。現社会に適応不能としたら、それは社会自体が宗教化したような不自然な状態になっているゆえである」
――子どもの育成は社会全体のシステムの中で実施するのがよいのか？　それとも従来どおり各家庭に担わせる方式がよいのか？（2.06.09）
「まだ家庭で育成する方式がよい。社会の器がそのように出来上がっていないからだ。家庭事情によって発生する弊害は必然としてやむをえない」
――現社会の教育法は、マンツーマン方式がよいのか？　それともマンツー多数の教室方式がよいのか？（2.06.10）
「両方式にかかわらず、教育法の観点を逆の概念にて行えばよいのだ。つまり、一方的に教える側と教わる側が分かれるのではなく、ともに学び合うという立場にすることである。子どもの能力に対しては単に未熟と観るものではなく、一目置いて常に取り扱う態度が教師に必要だ」

――人間の本来能力を開花させる教育法とはどのようなものになるか？（2.06.17）

「時の根本を極めることをテーマにした教育法ということになる。現在ただいまのこの瞬間に入り込めるようになれば能力開花へいたるのだ。まず『時を知れ』ということだ」

――現在教育法は、人間の在来能力に対してどのくらいダメージを与えているのか？（2.06.18）

「とにかく教示の方向が全く一方的な状態である。この教育の主意が教授者のコントロールにあるということだ。無数の選択肢があるにもかかわらず、強制的に一本に絞り込まされている。コントロールされるための教育法もあるのだ」

――時代の風潮の学習能力は幼児期においては波動の伝播が起こるのか？（2.09.05）

「時代風潮に適合した次元の子どもとして誕生してくるのであり、波動感応しているわけではないのだ」

——慣れるという現象は人間にとっての一種の防衛反応なのか？　学習効果か？　適応反応なのか？　鈍化なのか？（2.09.10）

「学習効果である。人間は常に次へと進みたいという衝動を有しており、慣れ状態は次への準備態勢に入るということである。元来、人間は本能的に停滞ができないようになっている。ただし、理念でわかっていれば訓練して停滞することもできるようになる」

——「かわいい子には旅をさせろ」というのは、教育効果ありや？（3.03.12）

「これは正に生命の本域であり、必須事項である」

33. 天帝掌様

拙問天答では、人類を創造したのはどなたかという素朴な質問もしています。天答にはデジュケスタアワンゼ（経儀の源）と天帝法皇仁前掌様という二人の名前が出てきます。

二人の関係まではわかりませんが、どちらも位の高い方ではなさそうです。場合によっては二人は同一人物かもしれません。

一方、拙問天答とは別に、佐久間氏が天帝について解説しているいくつかの資料が手元にあります。

それによると、掌様が人類を作られたと言っています。また、佐久間氏が描いた天帝掌様のイメージ図も掲載します。

「悟天世《ごてんよ》の園より」

肉体は全て私が作った。秘密はわれ知るのみである。今明かす。われは願両《がんりょう》位《い》の法下天霊源現豊《ほうかてんれいゆたか》な人徳を重んずる法皇仁前掌《ほうこうじんぜんしょう》なり。今は全て経より直実下に依って成された舞である。知れどしても妙動は封を解かれることを期待する。全ては開かれんことを切実法妙の念なり。全ては徳の業《わざ》なり。陰を開き陽を加えんとすれば、全ての封が解け、仏の願が現れ出ずる。顔は徳に添う悟り仏を現す。

2002年9月18日　午後3：09

佐久間氏訳は以下のとおりです。

人体は全て私が創った。その創造の秘密は私のみが知っていることである。今私の名を明かす。私は願両に位に在している法下天に属し、霊現豊かなる人徳を重んずる法皇仁前掌である。この世の現況は全て法経にあるがごとくを、そのまま現実化して地上に降ろすということによって進行している現象である。全て知る者ではあるが、この妙なる心の感動は、この秘密が解封されることを期待しているのだ。全てのことが開示されることを切実に願い、これが最良の法であるという念《おも》いでいる。全ては徳力のなせる業である。陰を開いてそれに陽を加えることを行えば全ての封印が解けて仏の顔が現れる。その顔が功徳に寄りて伴い出でたる悟りを表し、つまり仏を顕現するものである

２００２年９月18日　午後３：09　佐久間氏メモ

天帝掌様イメージ図（佐久間氏作）

拙問天答原文

——地球人類の創造主の御名を明かし願いたい。また何次元の存在者でおられるのか？（1.10.01）

「名はテジュケスタアワンゼと申す。『経儀の源』の意なり。次元は界次と称するところにおり想像を絶するところである。この御名は会社で例えれば社長の名というわけでなく、用務員程度のものであり、関係名というところである」

——天帝法皇仁前掌様から創られた人体というのは3組の肉体夫婦のことか？（2.10.15）

「肉体として実体を作られたのではない。人間性を創ったのである。肉体はもっと次元の高い方が担当したのである」

——今後は天帝（掌）様が人類の進化過程の最後まで見届けられるのか？（2.10.16）

「この方は人類導きの指導員の立場である方だ。つまりガイド要員ということである」

——天帝（掌）様は地上に仏陀を降ろされたり、天子を選定し擁立させる方なのか？（2.10.17）

「仏陀の魂を降ろし、天子を擁立する者である」

さらに、２００２年10月３日に御仏顔天帝直伝仏典３５９文字経が降りています。

以下、佐久間氏の解説を添付します。

仏天徳悟尊上法玉皇《ぶってんとくごそんじょうほうぎょくこう》

仏典界の存す徳力悟光を具えし上尊なる仏法光玉の偉大なる天帝

千観心会宇知和《せんかんしんえうちわ》

非常にあまたの観世音菩薩達が宇宙の調和を知り理解する。

佪目修貴祥蘭添《かいもくしゅうきしょうらんてん》

貴きこと幸いなることを花の香しさも加味させた修養目録に従って修養してめぐる。

仏《ぶっ》天《てん》徳《とく》悟《ご》尊《そん》上《じょう》法《ほう》玉《ぎょく》皇《こう》

←

千《せん》観《かん》心《しん》会《え》宇《う》知《ち》和《わ》
佪《かい》目《もく》修《しゅう》貴《き》祥《しょう》蘭《らん》添《てん》
柄《へい》基《き》賀《が》煩《ぼん》微《び》臨《りん》菱《りょう》
定《じょう》洛《らく》封《ふ》露《ろ》邑《ゆう》星《せい》敢《かん》
嘉《か》旱《かん》兆《ちょう》則《そく》思《し》僧《そう》間《ま》
説《せつ》世《よ》魂《こん》実《じつ》讃《さん》勝《しょう》起《き》
故《こ》弥《よ》茶李《り》行《ぎょう》杓《しゃく》人《じん》
瑞《ずい》石《せき》神《じん》都《と》護《ご》甲《こう》洗《せん》
万《まん》日《び》命《めい》進《しん》泉《せん》我《が》生《せい》
豊《ほう》卑《ひ》塔《とう》舎《しゃ》宮《ぐう》礼《れい》今《こん》
遠《えん》古《こ》来《らい》飛《ひ》釈《しゃく》位《い》導《どう》
論《ろん》交《こう》多《た》経《きょう》一《いっ》真《しん》結《けつ》
拙《せつ》答《とう》辞《じ》御清《せい》福《ふく》示《じ》
是《ぜ》介《かい》象《しょう》抄《しょう》純《じゅん》母《ぼ》念《ねん》
輪《りん》望《ぼう》聖《しょう》気《き》謝《しゃ》秘《ひ》布《ふ》
近《こん》者《じゃ》戦《せん》沐《もく》疑《ぎ》失《しつ》成《せい》
記《き》全《ぜん》祖《そ》鎮《ちん》意《い》師《し》曜《よう》
態《たい》下《か》仙《せん》山《ざん》光《こう》尚《しょう》言《ごん》
美《び》宝《ほう》月《げつ》鮮《せん》華《か》座《ざ》味《み》
音《おん》前《ぜん》足《そく》呪《じゅ》閃《せん》方《ぼう》南《なん》
語《ご》覚《かく》調《ちょう》春《しゅん》敏《びん》白《びゃく》量《りょう》
字《じ》朴《ぼく》開《かい》印《いん》田《でん》査《さ》院《いん》
巡《じゅん》首《しゅ》写《しゃ》書《しょ》陽《よう》陰《いん》宙《ちゅう》
啓《けい》明《みょう》残《ざん》荷《か》案《あん》汰《た》病《びょう》
自《じ》無《む》有《う》胎《たい》水《すい》入《にゅう》縁《えん》
→

←

晢餓《が》容《よう》姿《し》門《もん》殺《さつ》儀《ぎ》
典《てん》楽《らく》妙《みょう》香《か》勅《ちょく》慈《じ》界《かい》
些《さ》皆《かい》録《ろく》切《せつ》承《しょう》年《ねん》漢《かん》
求《ぐ》支《し》想《そう》霊《れい》波《は》碑《ひ》消《しょう》
降《こう》興《こう》告《こく》倫《りん》中《ちゅう》練《れん》眼《げん》
道《どう》合《ごう》穴《けつ》血《けつ》統《とう》十《じゅう》海《かい》
丁《てい》源《げん》百《ひゃく》丸《がん》地《ち》空《くう》圏《けん》
倭《わ》宜《ぎ》国《こく》幻《げん》因《いん》与《よ》力《りき》
権《けん》鶴《かく》由《ゆ》風《ふう》如《にょ》策《さく》愛《あい》
雲《うん》昇《しょう》沙《しゃ》寺《じ》北《ほく》歩《ほ》祈《き》
先《せん》子《し》家《か》主《しゅ》祭《さい》浄《じょう》正《しょう》
拝《はい》伝《でん》梁《りょう》恋《れん》密《みつ》話《わ》元《げん》
菩《ぼ》幸《こう》恪《かく》禅《ぜん》宗《しゅう》官《かん》社《しゃ》
薩《さつ》土《ど》大《だい》外《がい》穂《ほ》芳《ほう》受《じゅ》
木《もく》詞《し》金《こん》龍《りゅう》様《よう》現《げん》善《ぜん》
己《こ》蔵《ぞう》創《そう》適《てき》舞《ぶ》半《はん》徒《と》
熟《じゅく》梵《ぼん》紀《き》筮《ぜい》卜《ぼく》灯《とう》珠《じゅ》
吟《ぎん》然《ぜん》鏡《きょう》棟《とう》面《めん》阿《あ》身《み》
脈《みゃく》捻《ねん》紋《もん》札《さつ》楼《ろう》守《しゅ》代《だい》
断《だん》渾要《よう》韻《いん》素《そ》爛《らん》律《りつ》
珪《けい》節《せつ》度《ど》傭《よう》瑠《る》璃《り》揚《よう》
仰《こう》吾《ご》采《さい》綽《しゃく》志《し》選《せん》渠《きょ》
歴《れき》景《けい》教《きょう》赦《しゃ》遍《へん》計《けい》穏《おん》
不《ふ》深《じん》巾《きん》戒《かい》殿《でん》富《ふ》君《くん》
夢《む》彗《すい》八《や》重《え》財《ざい》互《ご》恵《けい》

柄《え》基《き》賀《が》煩《ぼん》微《び》臨《りん》　菱《りょう》

我は人間界における寿ぎの要素、心を煩わせる諸要素、身分低く卑しき諸要素、身分高く統治に関する要素、食料の確保に関しての諸要素の根本に関して権限を有する者なり。

定《じょう》洛《らく》封《ふ》露《ろ》邑《ゆう》星《せい》敢《かん》

位をさずけ臣下とせるものの内から勇ましき覇者が現れ、これに都を攻められて朝廷側が敗れ去っていくことが繰り返されているのはお定りのことである。

嘉《か》旱《かん》　兆《ちょう》　則《そく》思《し》僧《そう》間《ま》

世の吉祥事にかげりが出てあまり良事も現れなくなるような兆しは、僧侶たちが仏法への帰依心も薄れ、日々の勤行にも慣れが出始めることである。

説《せつ》世《よ》魂《こん》実《じつ》讃《さん》　勝《しょう》　起《き》

世に告げる。人魂は誠に賞賛すべきことであるが、ついには堪え忍び長い戦に勝ち、立ち上がることだろう。

故《こ》弥《よ》茶《さ》李《り》　行《ぎょう》　杓《しゃく》人《じん》

古いままの道理や習慣ごとが世に充満し人々がそれに引きずられて歳月が流れていく。

瑞石神《ずいせきじん》都《と》護《ご》甲洗《こうせん》

吉祥を司る石神が都を保護し平和を維持する。

万《まん》日《び》命《めい》進泉《しんせん》我生《がせい》

死に至るまで、多くの歳月を無事に生活し、自分の個性を磨いて生きていける。

豊《ほう》卑《ひ》塔舎《とうしゃ》宮《ぐう》礼今《れいこん》

日々の生活が豊かになるか貧しく卑しくなるか、廟塔のごとき壮麗なる宮殿に住むか、それとも田舎屋に住むことになるかは、今現在が宗廟を建て礼を尽くす毎日であるかにかかっている。

遠《えん》古来《こらい》飛《ひ》 釈《しゃく》 位導《いどう》

遥かに遠き古より飛び来たりて釈迦仏の位が導かれてくる。

論交《ろんこう》多《た》経《きょう》 一真結《いっしんけつ》

数多くの経典に関して論議を交えて唯一つの真理へと結実する。

拙《せっ》答《とう》辞《じ》御《おん》清《せい》福《ふく》示《じ》

謙虚にてへり下れる神事への答辞礼は清き幸いへと導かれる啓示を受けることになる。

是《ぜ》介《かい》象《しょう》 抄《しょう》 純《じゅん》 母《ぼ》念《ねん》

是れ介へ添えする姿は正に純粋なる母性の念《おも》いを映すものなり。

輪《りん》望《ぼう》聖《しょう》 気《き》謝《しゃ》秘《ひ》布《ふ》

聖人は周囲に集まり来る人々が調和の雰囲気に入ることを願い、奥深き仏法の教義を説き聞かせる。

近《こん》者《じゃ》戦《せん》沐《もく》疑《ぎ》失《しっ》成《せい》

あさはかなる者というのは、戦いの最中において髪など洗い休養をとって平定に失敗するようなものになぞることができる。

記《き》全《ぜん》祖《そ》鎮《ちん》意《い》師《し》曜《よう》

祖先の名を全て書き記してこれらの諸霊を安んずることを願い、僧侶を招聘《しょうへい》し盛んに供養する。

態下《たいか》仙山《せんざん》光尚《こうしょう》言《ごん》

見かけは野卑な仙人のようではあるが、本体は光輝き見識高き言葉を発する者なり。

美宝《びほう》月鮮《げっせん》華座《かざ》味《み》

玉のような美女が月光のように光輝いてあざやかなる容姿で座しているおもむき。

音前《おんぜん》足呪《そくじゅ》閃方《せんぼう》南《なん》

南の方行に向いて神にお伺いを立てると満足できる託宣に導かれる。

語《ご》覚《かく》調《ちょう》春《しゅん》敏《びん》白《ぱく》量《りょう》

春気が現れたことを告げ知らせ、その純潔度をすばやく調べ見定める。

字《じ》朴《ぼく》開《かい》印《いん》田《でん》査《さ》院《いん》

婦女子が妊娠した時、その初めての痕跡からして、本来夫婦の自然の営みの結果であるかどうかを役所が考察する。

巡《じゅん》首《しゅ》写《しゃ》書《しょ》陽《よう》陰《いん》宙《ちゅう》

宇宙における陽世界や陰世界を見回ってそれら世界の首長たちに会い、各世界の状況を書類に書きしるす。

啓明《けいみょう》 残《ざん》荷《か》案《あん》汰《た》 病《びょう》

天の啓示によって全てが明らかとなり、人類に残された法律や政治に関する諸問題に関してよく負い、病気や他の諸事の欠陥を取り除き解決していくだろう。

自《じ》無《む》有胎水《ゆうたいすい》入縁《にゅうえん》

もし人体に胎水というものが備わっていないとしたら、人間と生まれて桟縁のかかわりに入るということはないだろう。

晢《せき》我《が》容《よう》姿《し》門《もん》殺《さつ》儀《ぎ》

まさに正しく正儀を損なうような儀礼の資質が飢饉の状態を引き寄せるということは自明なることである。

典楽《てんらく》妙《みょう》香《か》勅《ちょく》慈《じ》界《かい》

優雅で美しい音楽やかぐわしき香りによって人間社会は慈しみや豊穣の天恵を受ける。

些《さ》皆録《かいろく》切《せつ》承《しょう》年漢《ねんかん》

漢字の元号を入れて些細な事柄を全て必ず記録していくことを継承する。

求《きゅう》支《し》想《そう》霊《れい》波《は》碑《ひ》 消《しょう》

神に誓願するためにその石碑を分け与えてくれるようにと各所で要求が起こり、ために混乱を招き、ついには石碑を除去してしまう。

降《こう》興《こう》告《こく》倫《りん》 中《ちゅう》 練《れん》眼《がん》

人倫の道について興揚させたり、卑下させたりする教示に関しては常に中庸を採ることを訓練することが肝要である。

道《どう》合《ごう》穴《けつ》血《けつ》統《とう》 十《じゅう》海《かい》

統治する為にはまさに血縁で完全に構成された大集合体に対しては穴をうがつべし。

丁《てい》源《げん》百《ひゃく》 丸《がん》地《ち》空《くう》圏《けん》

宇宙の空間に多くの小さく丸い地球があり人類の源となっている。

倭《わ》宜《ぎ》国《こく》幻《げん》因《いん》与《よ》力《りき》

日本の正しい道理は国に魔法のごとく力を与えるきっかけとなる。

権《けん》鶴《かく》由《ゆ》風《ふう》如《じょ》策《さく》愛《あい》

君子はそよ風のごとく人々に恩恵を施し、慈しむ法を使いこなして権勢を維持する。

雲《うん》昇《しょう》 沙《さ》寺《じ》北《ほく》歩《ほ》祈《き》

戦場の中にある雲が湧き上がる山頂近きの粗末な小さき寺に敗残兵が歩み来たり、一心に祈りて、神仏の加護を受ける。

先《せん》子《し》家《か》主《しゅ》祭《さい》 浄《じょう》 正《しょう》

一家の主人が正しく清めて祖先を祭る。

拝《はい》伝《でん》 梁《りょう》 恋《れん》密《みつ》話《わ》元《げん》

恋の取り持ちのようなことが、ちまたの内緒話として流れ、ついには地位を譲り渡すようなこととなる。

菩《ぼ》幸《こう》悋《りん》禅《ぜん》 宗《しゅう》官《かん》社《しゃ》

菩薩たちは、祖先の霊廟や朝廷の宮殿や土地神の廟等が授けられている幸せである様を見て嫉妬の思いでいる。

薩《さつ》土《ど》大《だい》外《がい》穂《ほ》芳《ほう》受《じゅ》

菩薩は土地神の在す地方の土地にあって人々の灯となり大いなる評判を得る。

木《もく》詞《し》金《こん》 龍《りゅう》 様《よう》現《げん》善《ぜん》

詩文が記された立て札が立つと、あたかも金龍が出現したごとく善事が現れた。

己《き》蔵《ぞう》創《そう》適《てき》舞《まい》半《はん》徒《と》

自分のひさしを隠し、折り良く地位を得て小躍りして喜んだものの、中途で失ってしまった。

熟《じゅく》梵《ぼん》紀《き》筮《ぜい》卜《ぼく》灯《とう》珠《じゅ》

仏法の教えや戒律とか筮竹や亀甲を使って占う占術にも熟達し、法灯を掲げる逸材となる。

吟《ぎん》然《ぜん》 鏡《きょう》 棟《とう》面《めん》阿《あ》身《み》

黙って鏡に向かい、お前さんは長としてふさわしい人間であるのかとよく自分の顔を観察してみる。

脈《みゃく》捻《ねん》紋《もん》札《さつ》楼《ろう》守《しゅ》代《だい》

連綿と脈打つものを把握し、書き記されたるものを保ち、高見台から前方をよく伺い時代を引き継いでいく。

断《だん》渾《こん》要《よう》韻《いん》素《そ》欄《らん》律《りつ》

仏教の戒律守り、この道理に暗く混沌とした状態を断ち切り、本来の光輝き絶妙に調和のとれた風格のある状態にしたいと願う。

珪《けい》節《せつ》度《ど》傭《よう》瑠《る》璃《り》揚《よう》

身は清浄であり、礼節をわきまえ、度量は広く公平である人物は瑠璃の宝玉の如く褒め称えられる。

仰《こう》吾《ご》采《さい》綽《しゃく》 志《し》選《せん》渠《きょ》

自分が幸運を手に入れたいと志すのであれば、上司となるべき人物をよく見極めて縁を付けるようにすべし。

歴《れき》景《けい》 教《きょう》 赦《しゃ》遍《へん》計《けい》穏《おん》

過去の歴史を振り返って各時代を観ると、罪を免除する恩赦を広くいきわたらせる政策を講じられた時代は世情が安定している。

不《ふ》深《しん》巾《きん》戒《かい》殿《でん》富《ふ》君《くん》

事物に長けている庶民は統治者が莫大な財を蓄え、豪華なる宮殿に住むようなことを褒めるようなことはしない。

夢《む》彗《すい》八《や》重《え》財《ざい》互《ご》恵《けい》

彗星が来たりて人類の心魂と知恵の双方ともが次元位が上昇し、八層倍に強化されるという夢のお告げがあるだろう。

さらに2002年10月9日に、仏皇八重と玉和八重の二つの追加の経典が仏陀の心行として降りてきています。

仏皇八重（ぶっこうやえ）　法皇仏性力の八層倍

徊《はい》基《き》封則《ふうそく》讃《さん》杓《しゃく》洗《せん》

俗世の形式にとらわれる人間たちは範とすべきそのめぐりいく心の広大さを称える。

豊《ほう》古《こ》多《た》御《おん》純《じゅん》秘《ひ》成《せい》

純粋な思いによっておもむきある富裕へと導かれる、計り知れぬその手立てによる成就は人々の賛美がやまない。

態《たい》宝《ほう》足《そく》春《しゅん》 田《でん》陰《いん》 病《びょう》

苦しみに被われる状態を温かき恵みで耕し、貴重なる人間らしき振る舞いへと至らせ満足する。

晳《せき》楽《らく》 録《りょく》霊《れい》中《ちゅう》 十《じゅう》圏《けん》

心魂が安らかであり明るく楽しい状態となるように、中道の完全なる枠をとっておく。

権《けん》昇《しょう》 家《か》恋《れん》宗《そう》芳《ほう》善《ぜん》

有徳の善人となすことが根本の思いなれど、これを思い描き、たちまち人々に対し、上にあげるための方便を使う。

熟《じゅく》然《ぜん》紋《もん》韻《いん》瑠《る》選《せん》穏《いん》夢《む》

仏は常に世が綾のように織り成された調

和のとれた状態で、人間に対しては瑠璃の宝玉と見立て、全て安定していることを達成したと常に思い抱いている。

玉和八重（ぎょくわやえ）　仏法調和力の八層倍

柄《え》洛《らく》兆《ちょう》実《じつ》行《ぎょう》甲《こう》生《せい》

根本には繰り返されるという必然はあるが、戦争へいたる、その腫と生育の進行状況はあらかじめ示されるものである。

遠《えん》交《こう》辞《じ》抄《しょう》謝《しゃ》失《しつ》曜《よう》

誤ちを認めてそれを詫びるようなことはせず、言い訳や相手を責める言葉によって永き友情の輝きが消失していくのである。

美《び》前《ぜん》調《ちょう》印《いん》陽《よう》汰《た》縁《えん》

優れて立派な事業を進めるためには積極的で明るいという痕跡を示した要素を選びとって、その事業に適合させるようにすることである。

典《てん》皆《かい》思《そう》倫《りん》統《とう》空《くう》力《りき》

統轄の制度や法則に関して人々は道徳の道が統治することに対して有効なる働きをもたないと思っているようだ。

雲《うん》子《し》 梁《りょう》 禅《ぜん》穂《ほ》現《げん》徒《と》

非常に高尚なる尊師も法灯を禅譲する時、目前の弟子に行うことになるのである。

吟《ぎん》捻《ねん》要《よう》傭《よう》志《し》計《けい》君《くん》

黙って手を取り公平にしたいと願う心によって天子を立てる。

正直、佐久間氏の解説をざっと読んでも難しくてわかりにくいところがあります。最初に読んだときは、中国の神話の堯舜《ぎょうしゅん》あたり

の話かなとも思ったりしました。ただ、拙問天答の流れからして、人類の格を全体的に上げていくためには、ここで言っていることを大事にしていく必要があるかと思っています。棟方氏によるとこの経典を毎日唱えると功徳があるとのことです。

34. 全輪世開示図《ぜんりんよかいじず》

佐久間氏と棟方氏が拙問天答を作成しているころ、棟方氏の方に全輪世開示録《ぜんりんよかいじろく》という「経文」のようなものが何回にもわたり降りてきています。これを図に変換したものが全輪世開示図です。

最初のころは、非常に簡易なものでしたが、毎回、前の版が中央に縮小され、その周りに新しい世界が描かれるというパターンを繰り返し、どんどん複雑になっていきました。個人的には仏教で言う曼荼羅《まんだら》にも似ているかと思います。拙問天答でいうと天廟のところをいうのかもしれません。真ん中から外に向かって宇宙がどんどん広がっていく様を表現しているからだと思います。

次に示す図は、全輪世開示図の1版と2版と75版です。75版は全輪世開示録35（兼《けん》願埋祝《がんまいしゅく》）という「経文」が降りてきて、それを絵図に現したもので、全輪世開示図の75版となっています。カバー裏表紙に72版のカラー版を載せてあります。これは、全輪世開示録33（音全廟浄）という「経文」をもとに、カラー絵図に現したものです。

これらは全て手書きで作成されています。

新しい全輪世開示録は、今でも棟方氏の方に不定期ですが新しいものが降りてきており、これからも全輪世界示図の新しい版が作成されていくものと思います。

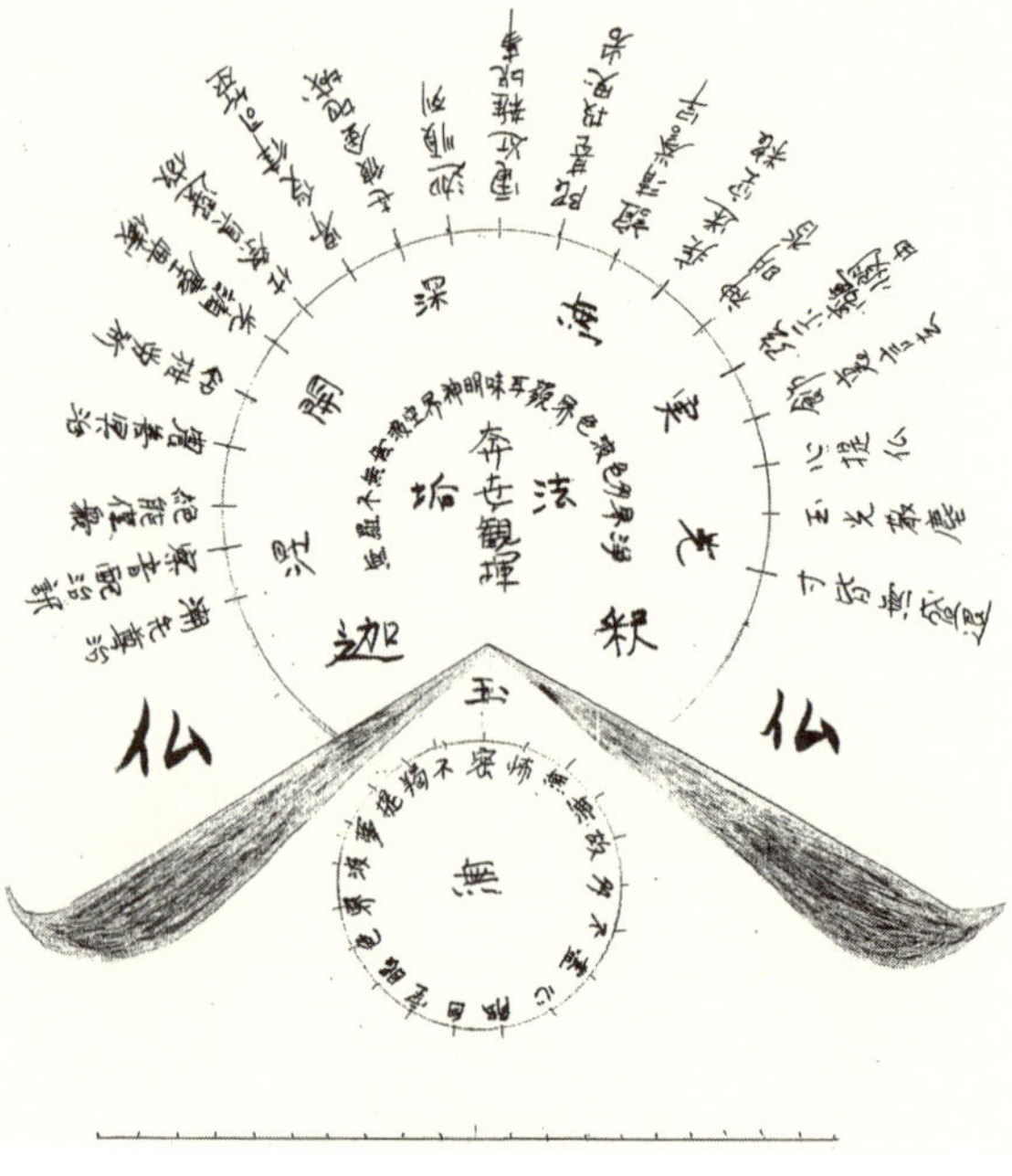

「全世開示図１版」

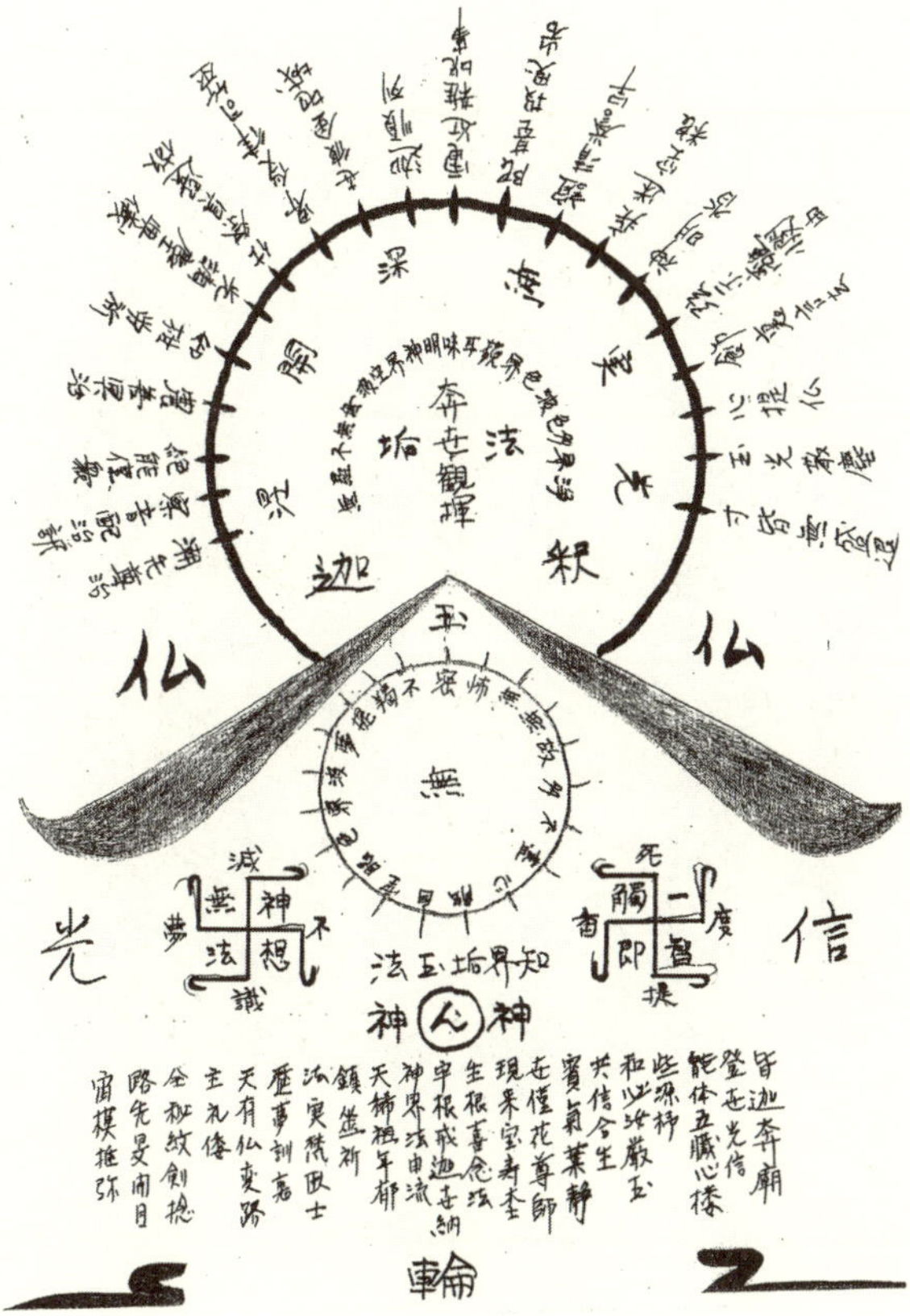

「全世開示図２版」

2012. 1. 18

「全世開示図75版」

おわりに

34のテーマにまとめた拙問天答を読んでいただいてありがとうございます。

もともとの拙問天答は、その質問分野が多岐にわたり、非常に難解な部分もありますので、そのままでは書籍にするのにはふさわしくないものでしたが、原稿提供者の努力の賜物で、読者の関心の高い分野に特化し、あの世とか宇宙とか神秘的な事項に関心を持たれている方々にも読んでいただける内容のものとなっていると自負いたしております。

神智学の探求者という名刺を持ち歩いていた佐久間数敏氏は、2000年（平成12年）10月に「4Mの会」を設立しました。当時の資料を参照しますと、目的は「真人の育成・継承」とあり、具体的活動については「文明の正進化維持促進」とあります。

数名の会員は毎月定例の会合に出席する義務があり、前月にまとめられた拙問天答の概要説明を受けておりました。時々、要請を受けて活動するということもありました。

佐久間氏亡き後も、数名の会員が棟方興起氏のスピリット波動協会に不定期で集まって活動を継続し、今日に至っています。会の事務局はスピリット波動協会内に設けてありますので、本書を読んだご感想やご意見など何でも結構ですので、スピリット波動協会（電話03−3726−5051）までお寄せください。

【編者プロフィール】

４Mの会

４Mの会は、真人の育成・継承を目的に2000年に設立され、数名の会員で活動が始まりました。月1回の例会では、拙問天答の解説が中心でした。会の活動は現在も継続し、不定期にスピリット波動協会に集合してミーティングを行っています。
ちなみに、４Mというのは、Miracle, Mission, Movement and Munakataの頭文字に由来しています。

天智口訣　拙問天答　宇宙から来たメッセージ

2016年５月12日　初版第１刷発行

編　者　４Mの会
発行者　韮澤 潤一郎
発行所　株式会社 たま出版
〒160-0004 東京都新宿区四谷4－28－20
☎ 03-5369-3051（代表）
http://tamabook.com
振替　00130-5-94804

組　版　一企画
印刷所　株式会社エーヴィスシステムズ

ISBN978-4-8127-0395-3　C0011